Justus Richter

Dümmer als die Polizei erlaubt

Die blödesten Verbrecher der Welt

BASTEI LÜBBE TASCHENBUCH
Band 60818

Dieser Titel ist auch als E-Book erschienen

Originalausgabe

Copyright © 2015 by Bastei Lübbe AG, Köln
Textredaktion: Tobias Schumacher-Hernández, Berlin
Titelillustration: © missbehavior.de
Umschlaggestaltung: Pauline Schimmelpenninck Büro für Gestaltung, Berlin
Satz: hanseatenSatz-bremen, Bremen
Gesetzt aus der Officina Sans
Druck und Verarbeitung: CPI books GmbH, Leck – Germany
Printed in Germany
ISBN 978-3-404-60818-8

1 3 5 4 2

Sie finden uns im Internet unter
www.luebbe.de
Bitte beachten Sie auch: www.lesejury.de

Ein verlagsneues Buch kostet in Deutschland und Österreich jeweils überall dasselbe.
Damit die kulturelle Vielfalt erhalten und für die Leser bezahlbar bleibt, gibt es die *gesetzliche Buchpreisbindung*. Ob im Internet, in der Großbuchhandlung, beim lokalen Buchhändler, im Dorf oder in der Großstadt – überall bekommen Sie Ihre verlagsneuen Bücher zum selben Preis.

Inhalt

Vorwort 7

1. Kapitel: Bankräuber 11

2. Kapitel: Betrug und Unterschlagung 27

3. Kapitel: Raubüberfälle 46

4. Kapitel: Einbruch und Diebstahl 58

5. Kapitel: Drogen und Alkohol 128

6. Kapitel: Mord und Totschlag 146

7. Kapitel: Körperverletzung 160

8. Kapitel: Terrorismus 170

9. Kapitel: Waffendelikte 175

10. Kapitel: Vermischtes 181

Quellen 205

Vorwort

Man macht so einiges mit als Gerichtsreporter. Wenn man über alberne Gesetze oder seltsame Gerichtsurteile berichtet, hat man immer noch die Distanz zum Thema, zur Sache. Es geht dann in erster Linie nicht um handelnde Menschen, sondern um das, was sie anrichten. Dumme Verbrechen jedoch leben von dummen Menschen – Kriminellen, die mit ihrer sprühenden Intelligenz die Geschichten ausmachen. Es geht um Hass, Liebe, Verrat, Sex, Blut, Schießereien, Verfolgungsjagden – ganz großes Kino also.

Natürlich sind Verbrechen an sich kein Vergnügen. Die Opfer eines Banküberfalls oder eines Einbruchs leiden später nicht selten an einem Trauma, das sie nur mit Mühe überwinden können. Inmitten dieses Entsetzens gibt es aber doch auch – meist ungewollt – komische Ereignisse. Kurz gesagt: Es gibt Verbrecher, die zu dumm sind für das, was sie sich vornehmen. Ich möchte Gewalt und Kriminalität nicht verharmlosen. Manche Dumpfbacke hilft aber dabei, auch dem Verbrechen eine komische Seite abzugewinnen.

Spannende Krimis leben davon, dass die Verbrecher besonders ausgebufft sind. Sonst wäre es für die Kommissare ja auch leicht, den Fall zu lösen. In diesem Buch ist das ein wenig anders. Die Hauptpersonen unserer Fälle sind so dämlich, dass daraus ein eigenes Amüsement erwächst. Selbst Mord und Totschlag lassen sich auf diese Weise auch von ganz zartbesaiteten Lesern ertragen. Natürlich bleiben Verbrechen für die Opfer das, was sie sind: schrecklich. Aber wenn man zur Abwechslung einmal über die Täter lacht, schafft das vielleicht ein kleines Gegengewicht zu den Schreckensnachrichten, die täglich in den Medien verbreitet werden.

In der Welt der Kriminellen ist es im Grunde wie im bürgerlichen Arbeitsleben auch: Da gibt es ganz oben die Masterminds. Die werden selten oder gar nicht erwischt und geben sich nicht mit Peanuts ab, sondern sind im Bereich »klotzen, nicht kleckern« zu Hause. Dann gibt es die Entsprechung zu den »mittleren Angestellten«. Die leisten solide, anspruchsvolle Arbeit und kommen ganz ordentlich über die Runden. Darunter kommt das »Proletariat«. Diese Kriminellen müssen sich dauernd nach der Decke strecken, leben von der Hand in den Mund, aber sie kommen irgendwie durch.

Und dann gibt es noch die Knallchargen. Um die geht es in diesem Buch. Das sind die, bei denen man sich wundert, wie sie intellektuell in der Lage sind, ihren Stoffwechsel am Laufen zu halten. Leute, für die sich jeder anständige Kriminelle mit ein wenig Berufsethos in Grund und Boden schämt.

Ich habe dieses Mal darauf verzichtet, die Geschichten nach Ranglisten zu ordnen, lade aber jeden Leser herzlich dazu ein, seine persönlichen Top Ten zu küren. Wer ist dümmer: derjenige, der sich nach der Tat quasi selbst an den Pranger stellt oder der, der sich bei der Ausführung so selten dämlich anstellt, dass es einfach danebengehen *muss?*

Bei der Recherche habe ich festgestellt, dass die Dummheit bei Verbrechern weltweit gleich verteilt ist. Auf dem ganzen Erdball versuchen sich Menschen mit geradezu erschütternder Idiotie daran, auf krummen Touren zu Geld zu kommen, ihre Rache auszuleben oder sonst wie ihren Vorteil zu nutzen. Dieses World Wide Web an Dösbacken hat schon etwas Völkerverbindendes.

Nach der Recherche zu diesem Buch stand für mich zumindest diese eine Erkenntnis: Auch Verbrechen erfordern Professionalität. Man überfällt eben nicht mal einfach so zwischen Frühstückspause und Mittagessen eine Bank.

Daher unser erster Tipp an alle, die mit deutlich mehr Erfolg in die Fußstapfen unserer Protagonisten treten wollen: Unterschätzen Sie weder die Intelligenz Ihrer Opfer noch die der Polizei!

Tipp Nummer zwei lässt sich auf die simple Formel bringen: Hinterlassen Sie niemals Spuren! Dann ist es an sich egal, ob Sie eine Bank überfallen, in ein Haus einbrechen oder sich mal kurz etwas Drogennachschub besorgen wollen, das Procedere ist immer dasselbe – die Fehler von Amerika über Australien bis Europa sind es übrigens auch. Was Dummheit betrifft, scheint es einen internationalen Konsens zu geben.

Noch eine Anmerkung zur Vorgehensweise:

Leser, die meine anderen Bücher kennen, werden feststellen, dass ich mich dieses Mal für eine andere Form der Präsentation entschieden habe: Anders als in den Vorgängerbüchern »Sitzproben auf öffentlichen Bänken sind eigenständig durchzuführen«, das sich mit absurden Gerichtsurteilen beschäftigt, und »Öffentliche Mülleimer dürfen nicht sexuell belästigt werden«, dem Buch zu den abstrusesten Gesetzen, geht es hier um das Verhalten der Möchtegern-Kriminellen. Darum lasse ich den berichtenden Ton der früheren Bücher hinter mir. Aus Gründen des Datenschutzes habe ich dabei sämtlichen Figuren Pseudonyme gegeben. Was auch heißt: Die Identitäten der Personen sind dieses Mal geschützt, dementsprechend fehlen auch die Quellenangaben zu den Fällen.

Ich wünsche Ihnen viel Spaß!

Ihr *Justus Richter*

Kapitel 1

Bankräuber

Ba-Ba-Banküberfall

*G*eorge, Phil und Gordon sitzen morgens im Pub und läuten den Tag mit einem Pint ein. Wäre das schön, wenn man viel Geld hätte! Und zwar ohne sich anzustrengen. In welchem Land müsste man wohl eine Bank überfallen, um möglichst viel zu erbeuten?

»Die Schwaben in Deutschland sollen so sparsam sein«, sagt Phil, »die haben bestimmt viel auf der hohen Kante.«

Die drei nehmen einen Schluck. Dummerweise sind sie nicht in Schwaben.

Dann hellt Gordons Gesicht sich auf: »Hey! Wir sind doch Schotten. Wir sind auch geizig. Und wir haben hier die Royal Bank of Scotland. Da ist bestimmt massig was zu holen!«

Es ist Mitte August 1975 im schottischen Rothesay, als die drei ihren verhängnisvollen Entschluss fassen. Verhängnisvoll für sie. Die Armen. Mag sein, dass ihnen das Bier zu Kopf steigt, als sie in der schottischen Hitze auf die Straße treten. Mag sein, dass sie sich schlicht nicht einigen können, wer zuerst die Bank betritt. Mag sein, dass George, Phil und Gordon nur doof sind wie Bullrich-Salz. Jedenfalls scheitern sie bereits an der Drehtür der Königlich-Schottischen Bank: Sie gehen alle drei gleichzeitig hinein, verkeilen sich in der Tür und bleiben stecken. Nichts geht vor oder zurück.

– 11 –

Ihre Blödheit ist für die drei erst einmal ein Glück. Planlos wie sie sind, tragen sie keine Masken oder Waffen oder irgendetwas anderes, das sie als Räuber ausweist. Darum sind gleich ein paar nette Bankangestellte zur Stelle, die die Pechvögel befreien. Was den dummen Verbrechern ganz schön peinlich ist. George spricht aus, was die beiden anderen denken: »Jetzt können wir die ja schlecht gleich überfallen, so freundlich wie sie waren.« Man wechselt also erneut die Straßenseite und leert drei weitere Pints im Pub. Mit dem Bierpegel steigt auch der Mut wieder. »Diesmal kommen wir rein!«

Also nichts wie raus aus dem Pub und wieder auf die andere Straßenseite. Und wirklich – diesmal kommen sie durch die Drehtür und gelangen sogar bis zum Schalter. Meredith hatte eben noch geholfen, die Männer aus der Drehtür zu befreien. Bevor sie aufblickt, erschnüffelt sie schon die Bierfahnen und lächelt die drei an. »Oh, wie schön, Sie wiederzusehen. Was kann ich diesmal für Sie tun?«

Das nimmt unseren Helden kurzzeitig den Wind aus den Segeln. Sie geben aber nicht auf.

Phil macht sein verbrechermäßigstes Gesicht und krächzt: »Du kannst uns 5000 Pfund geben, Schätzchen, aber dalli. Das ist ein Überfall.«

Meredith blickt ihn an. Eine Sekunde, zwei, drei. Und bricht in schallendes Gelächter aus. Prustend ruft sie einen Kollegen: »Hey Sean, die Suffköp..., ich meine, die Gentlemen von eben sagen, sie wollen uns überfallen!«

Sean ist wie immer um britische Haltung bemüht, muss aber ebenso ein Lachen unterdrücken.

Das verunsichert George, Phil und Gordon dann doch. George setzt neu an: »Wir würden uns auch auf 500 Pfund herunterhandeln lassen.« Schließlich ist man in einer Bank, und im Kapitalismus gelten besondere Regeln. Meredith ist so perplex, dass sie ihr Prusten unterbricht und George ungläubig ansieht. Das interpretiert Gordon anders, als es gemeint ist. Neuer Versuch: »50 Pfund. Aber das ist unser letztes Wort.«

Man kann eine Stecknadel fallen hören in der Bank. Dann brüllt Meredith vor Lachen, der seriöse Sean kann auch nicht mehr an sich halten, und dann stimmen die anderen Angestellten und Kunden mit ein. Die Royal Bank of Scotland dröhnt vor Gelächter.

Was genug ist, ist genug. Das geht gegen die Ehre von ehrlichen Bankräubern. Wer nicht hören will, muss fühlen. Also macht Phil einen sportlichen Satz über den Tresen, um sich das Geld mit Gewalt zu holen. Dummerweise bricht er sich bei der Landung den Knöchel, windet sich am Boden und schreit vor Schmerzen. Jetzt verlieren George und Gordon jeden Mut und wollen flüchten. Sie stürmen in die Drehtür – nur leider in die falsche Richtung. Die Polizei hat keine Mühe, die dummen Räuber zu verhaften. Das Ende vom Lied: Einer liegt am Boden, und zwei stecken wieder in der Drehtür fest.

Dick oder Doof?

In unserem Fall definitiv doof. Eines schönen Morgens im Mai wacht Charlotte P. (41) auf, und ihr fällt ein, dass sie Geld braucht. Das geht vielen so, aber Charlotte ist eine Frau der Tat. Außerdem ist heute ihr kreativer Morgen. Also überlegt sie beim Frühstück, was für Möglichkeiten es wohl gäbe, ihren Kontostand aufzubessern. Und zwar entscheidend aufzubessern. Und da ihr bei »Kontostand« als Nächstes das Wort »Bank« einfällt, entschließt sie sich, eine Bank zu überfallen. Die Entscheidung fällt auf eine Filiale in ihrer Nähe. Nur: Erkennen sollte sie natürlich niemand. Auch für dieses Problem muss eine Lösung her. Aber es ist ja ihr kreativer Morgen. Und so beschließt sie, das zu tun, was die Bankräuber auch in den Filmen immer tun: Sie macht sich auf den Weg in den nächsten Kostümverleih und organisiert sich eine Maske. Und zwar die Maske von Stan Laurel, auch bekannt als dünne Hälfte des Komiker-Duos »Dick und Doof«. Die Maske, mehr aber vermutlich die gezückte Pistole, beeindruckt die Kassiererin so sehr, dass Charlotte die Bank mit 42 000 DM (also immerhin 21 000 Euro) verlassen kann. Die Ausbeute hätte zwar besser sein können, findet Charlotte, aber besser als gar nichts und vor allem: besser als der Kontostand beim Frühstück ist das schon. Und so könnte es auch bleiben. Wenn ... ja, wenn Charlotte daran gedacht hätte, dass das, was in der Bank ihre wahre Identität schützen sollte, nämlich die Maske, draußen genau diesen Zweck nicht mehr erfüllt.

Mit anderen Worten: Man sollte nach dem Banküberfall die Maske abnehmen.

Was Charlotte nicht tut. Aber dort draußen gibt es nur genau einen Menschen, der mit dem Gesicht von Stan Laurel herumläuft: sie selbst. Mit diesem Gesicht macht sie es dem ärgsten Feind jedes Bankräubers sehr leicht, der Polizei. Die muss nur nach einem »Doof« fahnden, was sich als keine allzu schwierige Aufgabe erweist. Und schon haben sie ihre Bankräuberin samt der 42 000 DM gefasst.

Wo habe ich denn nur geparkt?

Man macht sich gar keinen Begriff davon, was bei einem Banküberfall alles schieflaufen kann. Die Horrorvorstellung jedes Bankräubers: Kein Parkplatz frei vor der Bank. Was sich die Kommunen da erlauben mit den Parkplätzen, ist einfach unglaublich! Die gesamte Logistik eines Raubes gerät doch durcheinander. In Filmen haben die Gangster solche Probleme natürlich nie – aber Maik D. aus Chemnitz passiert genau das: Er will die Sparkasse überfallen und findet keinen Parkplatz.

Aber Maik D. aus Chemnitz wäre nicht Maik D. aus Chemnitz, wenn er sich davon entmutigen ließe. Ein Mann, ein Ziel. Maik kurvt herum. Und Bingo! In einer Nebenstraße findet er eine Parklücke. Zwar schleicht gerade eine männliche Politesse herum, aber Maik geht kalt lächelnd zur Parkuhr und wirft Geld ein. Zehn Minuten, länger braucht er nicht. Er muss nur mal kurz rein zur Bank.

Die Stadtverwaltung kann sich schon mal auf einen gepfefferten Brief wegen der Parkplatzsituation freuen. Doch erst kommt die Arbeit. In der Bank läuft alles wie geschmiert. Immerhin 2400 Euro, mit denen er wieder rausspaziert. Nicht gerade der Jackpot, aber mehr hatten sie eben nicht da. Doch – wo zum Geier steht jetzt noch mal das Auto?

Einsamer als Maik in diesem Moment kann kein Mensch sein. »Bin ich denn doof?«, fragt er sich. Wir kommentieren das nicht. Maik irrt durch das wogende Straßengewirr von Chemnitz. Ein Bankräuber ohne Fluchtauto. Männer fragen nie nach dem Weg und Ganoven auf der Flucht erst recht nicht. Der arme Maik. Ziellos irrt er umher.

Zusätzlich nervös wird er, als er Sirenen hört. Ein Polizist bemerkt den verwirrt herumlaufenden Mann. Der Ordnungshüter macht sich Sorgen um ihn. Vielleicht kann man ihn als Zeugen zum Raub in der Sparkasse befragen. Also tritt der Polizist auf Maik zu und fragt, ob er von dem Überfall etwas mitbekommen habe.

»Ei-einen Mann mit einer auffälligen Sporttasche? Nee, den habe ich nicht gesehen«, stottert Maik und hält die knallbunte Tasche hinter seinen Rücken. »Aber wissen Sie zufällig, wo mein Auto steht, Herr Wachtmeister?« Das weiß der Polizist nicht. Er lässt sich aber die Tasche zeigen. Danach bietet er Maik an, ihn mit seinem eigenen Wagen mitzunehmen. Zur Polizeiwache.

Hier finden Sie mich, Ihren Bankräuber

Wer plant, eine Bank zu überfallen, muss vorher eine ganze Menge bedenken: Welche Bank soll es sein? Welche Waffe ist am besten geeignet, um zu vermeiden, dass die Angestellten Zicken machen? Und vor allem: Wie verhindere ich, dass ich erkannt werde? Banküberfall nach Punkteplan sozusagen.

Es ist besonders dieser dritte Punkt, der den 30-jährigen Isaac Doodley am meisten beschäftigt. Und dabei geht es nicht einmal um sein Äußeres, das eventuell vom einen oder anderen Mitarbeiter des Geldinstituts erkannt werden könnte. Nein, es ist seine Stimme, die ihm besonderes Kopfzerbrechen bereitet. Sicher, man könnte die Stimme ganz einfach verstellen. Man könnte schreien oder flüstern.

Oder man schreibt, wie nun Isaac Doodley, seine Botschaft auf. So etwa: *Machs schnel unt sei stiel. Gip mier Geld oder ich schiße.* Der Bankangestellte versteht die Botschaft

– 16 –

trotz der nicht unerheblichen orthografischen Mängel und gibt ihm Geld. Wenn auch nicht viel, gerade 400 Dollar kann Isaac Doodley erbeuten. Damit geht er. Und verliert seinen Zettel direkt vor der Bank. Das freut nun wiederum die Polizei ganz ungemein. Denn Isaac hatte die Rückseite einer alten Gehaltsabrechnung für seine Botschaft gewählt.

Statt 400 Dollar winken zwanzig Jahre in einem US-amerikanischen Gefängnis. Ross Rice, Sprecher des FBI, kommentiert den Vorfall mit diesen Worten: »Es ist relativ ungewöhnlich, dass wir so etwas Dummes erleben.«

Bankomatklau für Anfänger!

Banküberfälle haben einen entscheidenden Nachteil – man muss Menschen dazu bringen, das Geld rauszurücken. Das macht keiner freiwillig, also braucht man eine Wumme. Kalle und Atze aber sind zutiefst friedfertige Menschen und anerkannte Kriegsdienstverweigerer. Sie können keiner Fliege etwas zuleide tun.

Gott sei Dank gibt es Geldautomaten. Im August 1995 starten Kalle und Atze in Saarmund bei Potsdam ihren großen Coup. Sie haben alles detailliert geplant.

Schritt 1: Sie klauen einen LKW. Genial. Erstens haben sie keinen eigenen, und zweitens bringt man den Laster nachher nicht mit ihnen in Verbindung.

Schritt 2 hat Atze mal in einem Western gesehen, in dem Ganoven ihren Kumpanen aus dem Knast befreien: ein Loch in die Mauer rammen, und ab geht die Luzie.

Es ist Nacht in Saarmund-City. Vor einer einsamen Bank steht ein 7,5-Tonner, mit Kalle am Steuer. Er spielt mit dem

Gas und genießt die Macht des Motors und der Tonnenmasse. Er und Atze grinsen sich an. Kalle gibt Gas. Der Laster bricht rückwärts mit Wucht durch die Glasfront der Bank. Jetzt muss alles schnell gehen. Sie wickeln ein Stahlseil um den Geldautomaten, befestigen es an der Anhängerkupplung – Vollgas!

Wumms! Dieses Geräusch ist Musik in den Ohren jedes Panzerknackers. Der Geldautomat ist aus seiner Verankerung gerissen. Kalle und Atze laden ihn auf den LKW und brausen davon. Freiheit. Sonne. Mauritius. Wir kommen! Jetzt noch ab in eine Garage, den Zaster raus aus dem Automaten und ab zum Flughafen – es hätte so schön sein können. Die beiden hätten sich nur besser vorher anschauen sollen, wie ein Geldautomat aussieht. Sie haben nämlich den Kontoauszugsdrucker geklaut.

Geldautomat auf Amerikanisch

Nicht nur in Brandenburg kommen Bankräuber offenbar auf die geniale Idee mit dem Geldautomaten, ihre Kollegen im US-Bundesstaat Kentucky haben denselben Einfall. Und ähnlich viel Erfolg. Der Pick-up fährt vor, der Bankautomat wird mit einer Kette an der Stoßstange befestigt. Bis hier verläuft in Brandenburg wie auch in Kentucky alles nach Plan, mal abgesehen davon, dass Pick-up und beide Fahrer von der Überwachungskamera festgehalten werden. Der entscheidende Unterschied zeigt sich aber erst jetzt in der unterschiedlichen Qualität der Geldautomaten: Die aus den USA sind eindeutig stabiler! Der erste Versuch, den Automaten aus seiner Verankerung zu lösen, geht schon mal schief. Gut, so was kann vorkommen. Aber zweimal, dreimal, vier-

– 18 –

mal? Dann, endlich: Etwas reißt. Etwas. Nur nicht das, was hätte reißen sollen. Der Geldautomat steht nämlich, wo er immer schon stand. In der Bank. Als flexibler erweist sich da schon die Stoßstange des Pick-ups. Sie hängt nun samt Seil am Geldautomaten. Unsere beiden Bankräuber sind wirklich geduldige, ausgeglichene Menschen. Aber irgendwann reicht es. Ein Versuch, gut. Ein zweiter. Auch gut. Aber ab einem bestimmten Zeitpunkt haben die Dinge zu laufen, wie sie sollen. Tun sie das immer noch nicht ... Pech für Geldautomat und Stoßstange. Die beiden verhinderten Bankräuber fahren weg. Was sie besser nicht gemacht hätten. Denn an der Stoßstange prangt natürlich das Nummernschild. Zusammen mit den Bildern von der Überwachungskamera ergibt das eine ganz, ganz schlechte Kombination. Sieht fast nach versuchtem Bankraub aus.

Pinkelpause

Bobby L. Lamont aus Florida ist aus dem Training. Vier Jahre hat er wegen Raubes gesessen. Im Gefängnis hat er aber gute Tipps aufgeschnappt, und dieses Mal wird alles besser laufen. Als er jedoch im Februar 2011 nach langer Abwesenheit erneut die kriminelle Bühne betritt, wird er nervös. Laien haben keine Vorstellung, welches Lampenfieber einen Räuber vor der Tat packen kann. Man steht völlig nackt da vor seinem Publikum, wenn man eine Bank überfällt. Da hilft nur gute Vorbereitung. Regel Nr. 1: gutes Equipment. Regel Nr. 2: Das gute Equipment unauffällig wieder loswerden. Regel Nr. 3: Das Risiko eines Bankraubs muss sich finanziell lohnen.

Bobby besorgt sich eine Warnweste, eine Luftpistole und

schreibt auf einen Zettel: »Das ist ein Banküberfall.« Regel Nr. 1 abgehakt. Wo könnte sich ein Raub mehr lohnen als in der Bank of America? Und vor der Filiale in Ocala/Florida steht auch noch ein Klohäuschen. Ideal zum Wechseln der Klamotten hinterher! Regel Nr. 2 und 3 abgehakt. Es kann losgehen. In Amerika hat nur der Tüchtige Glück.

Eine allgemeine Regel gibt es noch, die hat mit Raub nichts zu tun, die hat Bobby im Kopf: viel trinken. In Florida ist es schwül, Trinken ist wichtig, und gerade bei großen Auftritten machen sich Durst und eine trockene Kehle gar nicht gut.

Da ist immer dieser Nervenkitzel, bevor Bobby eine Bank betritt. Er hat Lampenfieber, spürt ein Kribbeln – und auch die Blase meldet sich. Aber jetzt ist er schon drin. Die Blase kann noch warten. Bevor er dem Mann am Schalter die Luftpistole vor die Nase halten kann, stehen aber noch drei Kunden vor Bobby in der Schlange. Das dauert! Die Blase drückt heftig.

Endlich ist er an der Reihe. Er zückt die Pistole, schiebt den Zettel rüber, und der Mann am Schalter händigt ihm, ohne mit der Wimper zu zucken, 1320 Dollar aus. Was soll das denn sein? Ist das hier die Bank of America oder eine poplige Postfiliale? Der Angestellte zuckt mit den Schultern. Wenn nur die Blase nicht so drücken würde! Dann würde Bobby dem was erzählen. Inzwischen muss er aber wirklich ganz, ganz dringend.

Gottlob gibt es das Dixi-Klo gegenüber. Dahin muss Bobby sowieso, um die Klamotten zu wechseln. Zuerst legt er aber eine kurze Sitzung ein und lässt einen langen, kräftigen Strahl los. Das tut gut. Leider bleibt Bobby kaum Muße. Jederzeit kann die Polizei anrücken. Außerdem ist es in dem Häuschen verflucht eng. Bobby bricht kurzerhand ab, pfef-

– 20 –

fert die Weste in die Ecke, windet sich aus Jeans und T-Shirt, schlüpft in die neuen Sachen und verlässt die Dixi-Filiale.

Die Polizei steht schon vor der Bank. Und ein Officer schaut ihn so misstrauisch an. Mist. Und die Blase drückt schon wieder. Doppelmist. Jetzt kann er ja schlecht zurück ins Klohäuschen. Um die Ecke jedoch gibt es diesen Inder mit dem leckeren Curry. Die haben auch eine Toilette. Nichts wie hin.

Der Officer folgt Bobby unauffällig ins Restaurant. Erleichtert kommt Bobby von der Toilette und wird gleich festgenommen. Zuerst bestreitet er noch alles, aber er trägt ja die 1320 Dollar bei sich, und vor allem findet sich im Klohäuschen sein Räuberzettel. Vielleicht hätte er doch nicht zwei große Cola vor dem Raub trinken sollen.

Meine Daten? Bitte sehr!

Ein Missgeschick alleine ist bereits ärgerlich. Wer sich aber gleich mehrmals dumm anstellt, dem kann nicht einmal die Polizei helfen – die das in diesem Fall allerdings auch nicht unbedingt vorhat.

Es ist ein wunderschöner Aprilmorgen, als sich Victor Chamsky (35) aus Harrisburg/Pennsylvania überlegt, dass es eine gute Idee sein könnte, ein Bankkonto zu eröffnen. Er macht sich also auf in die Filiale der Metro Bank und teilt dem Kundenberater seinen Plan mit. Fein, sagt der Bankmitarbeiter, das sei weiter kein Problem, wenn ihm Victor nur bitte zwei Dokumente vorlegen könne, aus denen hervorgehe, dass er auch wirklich der sei, als der er sich ausgebe.

Das tut Victor, und der Bankangestellte beginnt, die nötigen Formulare auszufüllen. Doch da kommt Victor ins Grü-

beln: Ist ja eigentlich blöd. Da hat er dann ein funkelnagel-
neues Bankkonto, aber kein Geld, um es einzuzahlen. Stopp!
Planänderung! Doch kein Bankkonto. Ihm sei da ein Irrtum
unterlaufen. In Wirklichkeit sei er nämlich hier, um die Bank
auszurauben. Der Kundenbetreuer stutzt erst, dann zuckt er
mit den Schultern. Na gut, wenn das so sei ...

Victor bekommt eine kleine Menge Bargeld und verlässt
hochzufrieden die Bank. Hat ja alles wunderbar geklappt. Er
setzt sich ins Auto und fährt beschwingt los. Dabei rammt
er ein parkendes Auto. Dumm für den anderen Autobesitzer,
aber solche Kleinigkeiten meldet man nicht. Schon gar nicht
nach einer derart erfolgreichen »Verhandlung« in der Bank.

Erfolgreich finden die Polizisten die Verhandlung in der
Bank auch, erfolgreich für ihre Arbeit. Denn der Bankräuber
hatte sich ja vorher einwandfrei ausgewiesen. Mit Namen,
Adresse und allem. Und so schauen sie am Nachmittag ganz
gemütlich bei Victor vorbei, um ihm einerseits das Geld wieder abzuknöpfen und ihm andererseits mitzuteilen, dass er
wegen Bankraubs angeklagt werde.

»Juhu, ich habe eine Bank überfallen.«

Lieber Brian Holmes,

entschuldigen Sie bitte, dass wir uns nicht zeitgemäß an Sie
wenden, aber gerade streikt unser Facebook-Account. Das
soll uns aber nicht davon abhalten, Ihnen auf diesem Wege
zu schreiben. Sie zählen wirklich unter vielen dummen Verbrechern zur absoluten Weltspitze.

Wenn man ein Verbrechen verübt, Mister Holmes, dann

sollte das oberste Ziel darin bestehen, die eigene Täterschaft geheim zu halten.

Spielen wir diese Maxime anhand Ihres Falles durch: Sie betreten also am 21. September 2010 eine Bank in Tualatin/Oregon. So weit, so gut. Dann überreichen Sie dem Kassierer einen Zettel, auf dem steht:

2000 Dollar in 5ern und 10ern (keine Farbmarkierungen, oder es knallt!). Ich habe eine Bombe in meinem Rucksack. Wenn ich weg bin, werde ich sie deaktivieren. Macht keinen Blödsinn, und Finger weg vom Alarm. Danke.

Das ist schon strafbar, Brian. Darf ich Sie Brian nennen? Mit so etwas geht man später nicht hausieren. Anscheinend ist es dem Kassierer zu viel Aufwand, 5er- und 10er-Noten abzuzählen, aber wahrscheinlich hat er so viele kleine Scheine auch gar nicht vorrätig. Jedenfalls verlassen Sie die Bank mit 505 Dollar. Dafür muss eine alte Frau zwar lange stricken, aber die Summe kriegen Sie doch auch mit ehrlicher Arbeit zusammen, oder?

Im Gegenzug lassen Sie Ihren Rucksack in der Bank zurück. Nun wird erst einmal das Gelände großräumig evakuiert. Das in voller Kampfkraft anrückende Bombenentschärfungskommando findet keinen Sprengstoff. Das spricht für Ihre Friedfertigkeit, Brian.

Sehen wir weiter. Auf der Überwachungskamera der Bank kann man Sie ganz hervorragend erkennen. Nicht nur gestochen scharf, sondern auch ohne jede Verkleidung, Maske oder Kapuze. Sie lächeln sogar nett in die Kamera. Kann man machen, darf sich dann nur hinterher nicht wundern. Das Foto landet in der Presse und im Internet.

Normale Verbrecher unterziehen sich nach so einem Malheur einer Gesichtsoperation oder lassen sich wenigstens einen Bart stehen. Nicht Sie, Brian. Es tut uns leid, aber es muss jetzt raus: Sie sind doof wie Stulle. »Wozu gibt es soziale Netzwerke?«, fragen Sie sich und posten bei Facebook prompt einen Link zu einer Nachricht über den Bankraub. Dann teilen Sie das Video zum Song »Scooby Snacks« von den Fun Lovin' Criminals, in dem es um einen Bankraub geht. Dazu schreiben Sie: »Ich bin jetzt ein Bankräuber.« Doch damit nicht genug: Sie ändern bei Facebook auch noch Ihr Profilfoto. Dort prangt jetzt das Bild, das die Überwachungskamera der Bank von Ihnen aufgenommen hat.

Okay, Brian, das hätten Sie auch einfacher haben können. Warum sind Sie nicht direkt zum FBI gegangen, in eine Zelle spaziert und haben die Tür hinter sich zugezogen? So mussten die Herrschaften der Bundespolizei extra bei Ihnen vorbeikommen und Sie festnehmen. Beim nächsten Mal machen Sie der Polizei die Arbeit bitte etwas einfacher.

Etwas erreicht haben Sie aber doch: unseren Platz 1 als dümmster Bankräuber der Welt. Mit Abstand.

Viele Grüße, Ihr *Justus Richter*

Diese Bank erfüllt auch ungewöhnliche Kundenwünsche

Art Taylor (21) hat sich gerade einen frischen Kaffee aufgesetzt. Nachher will er noch eine Bank überfallen, aber das hat Zeit. Denn das ist bereits perfekt vororganisiert. Deshalb jetzt also erst mal in aller Ruhe den Kaffee trinken. Art ist ein Mann der Planung, und bei so einem Banküberfall kann schließlich eine Menge schiefgehen. Man stelle sich das einmal vor: Man geht in die Bank, hält dem Angestellten seine Pistole vor die Nase und bittet höflich darum, jetzt mal zack-zack 100000 Dollar einzupacken. Das ist eine Menge Geld, und was kann in der Zeit, die der Angestellte zum Zusammensuchen des Geldes braucht, nicht alles schiefgehen?

Bei den Kollegen vielleicht, aber nicht bei ihm. Es ist März 2010, und er hat sich vorgenommen, die Filiale der People's United Bank in Fairfield/Connecticut auszurauben, und dieses Vorhaben geht er höchst effizient an. Er nimmt sich das Telefon und ruft bei der Bank an. In genau einer Stunde werde er vorbeikommen, und bis dahin mögen die Mitarbeiter doch bitte 100000 Dollar ordentlich in Taschen verpackt für ihn bereithalten. Wenn nicht, gäbe es ein höchst unerfreuliches kleines »Blutbad«.

Szenenwechsel: Klasse, denkt sich Lucy M., Kundenbetreuerin in besagter Bank, als sie den Hörer auflegt. Sie nimmt sich eine Plastiktüte und legt 900 Dollar hinein. Schließlich darf es nicht nach gar nichts aussehen. Dann nimmt sie wieder das Telefon zur Hand, ruft die Polizei an und kündigt nun ihrerseits den Bankraub an.

Und da Pünktlichkeit zu einer von Arts herausragenden Tugenden gehört, parkt er auf die Minute genau vor der Bank. Um aber ganz sicherzugehen, dass die Sache wie geplant funktioniert, geht er nicht selber in die Bank, sondern schickt seinen 16-jährigen Komplizen vor. Ihm hat er einen Zettel mitgegeben, der ihn unmissverständlich als den ausweist, der die 100000 Dollar abholen solle. Und tatsächlich, keine Minute später ist sein Kompagnon wieder beim Auto. Mit dem Geld. Doch in dem Moment, als er Art das Geld geben möchte, tauchen zwei weitere Männer neben ihm auf, auch sehr pünktlich, und geben sich ihrerseits unmissverständlich als Polizisten zu erkennen. Zugegeben, denkt Art, es läuft heute doch nicht so ganz nach Plan.

Auch der Zeitpunkt für seinen perfekt ausgeklügelten Raub war nicht besonders clever, denn er war gerade auf Bewährung draußen. Erst kürzlich war er wegen eines vermutlich ebenso raffiniert geplanten Banküberfalls festgenommen und verurteilt worden. Besonderes Talent für das kriminelle Geschäft kann man Art nicht zuschreiben.

Kapitel 2

Betrug und Unterschlagung

Möchtegern-Rockstar

Was ist das größte Kapital eines Betrügers? Dass er überhaupt nicht so aussieht und wirkt. Der professionelle Betrüger macht den Anschein des seriösesten, ehrlichsten Menschen auf der Welt. Eines Menschen, dem Sie bedenkenlos Ihr Baby auf den Schoß legen und Ihre sämtlichen Ersparnisse anvertrauen können. So ein Mensch ist das. Er heißt etwa Dietrich Schmittke, Alfons Ehrlicher oder Paul Schicklhuber. Bei englischen Namen bietet sich etwas vergleichbar Unauffälliges an wie John Smith oder Peter Taylor.

Die Hauptfigur dieser Geschichte heißt Eros Atlantico und kommt aus Adelaide in Australien. Er will betrügen, und zwar im ganz großen Stil. Eros Atlantico ist nun allerdings nicht der klassische Name, unter dem man sich einen seriösen Menschen vorstellt – eher einen Casanova, einen Schauspieler oder einen Rockstar. Aber was soll Eros machen? Die Namen seiner Frau, seiner Schwester und seines Schwagers hat er durch. Unter ihren Namen hat er schon reichlich Kredite beantragt. Und erhalten. Jetzt muss ein neuer Name her. Ein Betrüger-Name.

Eros marschiert also zum Standesamt, oder wie das in Down Under heißt, und erklärt, dass Eros Atlantico nicht zu einem einfachen Betonarbeiter passe. Das ist sein eigentli-

– 27 –

cher Beruf. Und die Kollegen hänseln ihn so, sagt Eros. Der Standesbeamte versteht das. Er selbst hieß früher Archibald Dickczynski, das war auch nicht lustig unter Schulfreunden. »Wie wollen Sie denn heißen?«, fragt er den zukünftigen Ex-Atlantico. Und ändert wie gewünscht den Namen. Man muss dem Standesbeamten wohl zugutehalten, dass er kein 80er-Jahre-Hair-Metal-Fan ist. Er tauft Eros nämlich um in »Richard Sambora« und gibt ihm damit den Namen des Gitarristen der amerikanischen Rockband Bon Jovi.

Der neue Name ist also auch nicht wirklich unauffällig. Das stört aber weder den Standesbeamten noch die Sachbearbeiter der Banken, bei denen Sambora seine Kreditanträge einreicht. Dazu fälscht er Steuerbescheide und Kontoauszüge und erhält in vier Jahren insgesamt 25 Millionen australische Dollar (rund 17,3 Millionen Euro). Das reicht erst einmal zum Leben und für vier Ferraris, einen Mercedes und einen BMW. Außerdem ist Richie verheiratet, und zwar mit der glamourösen Mirella. Das kostet. Im Freundeskreis erzählt der Betonarbeiter, er habe im Lotto gewonnen. Jahrelang merkt niemand etwas vom Betrug. Vor allem nicht die ach so seriösen Banken, die zu den führenden Kreditinstituten in Australien zählen.

Kein Glück währt ewig. Eros' Schwester und sein Schwager verlieren ihr Haus, das Eros als Sicherheit für einen Kredit eingesetzt hat. Er landet vor dem Kadi. Und der glaubt unserem Helden nicht, dass er den Namen Richard Sambora angenommen habe, weil er so ein riesiger Bon-Jovi-Fan sei. Eros zuckt mit den Schultern. Was soll er dazu sagen? Die Anwältin beschreibt ihren Mandanten als hart arbeitenden Handwerker, der die Kredite nur gebraucht habe, um andere Kredite zurückzuzahlen. (Jedes Kind weiß, dass das nie funktioniert.)

Im März 2008 ist es dann endgültig aus mit dem schönen Leben: Atlantico-Sambora wird wegen Betrugs zu einer Rekordstrafe von 15 Jahren verurteilt. Das nächste Mal ist er mit »John Smith« wohl besser dran als mit dem Namen eines weltberühmten Rockstars. Aber auch die Banken bekommen ihr Fett weg vom Richter: »Sie scheinen nur zu bereit, hohe Kredite zu gewähren, obwohl die Nachweise der Kreditwürdigkeit dürftig sind.«

Zahlungsempfänger: meine Verlobte

Man stellt sich das als Laie schwierig vor mit Vermögensdelikten. Dabei sind Betrug, Untreue & Co. gar keine Hexerei. Jeder Vollidiot kann damit zumindest kurzfristig Erfolg haben. Wie? Schauen wir uns Eric und Tessa an.

Die beiden sind verlobt und leben in Abingdon/England. Eric verfügt über praktische Erfahrung bei Vermögensdelikten – er hat bereits wegen Betrugs im Gefängnis gesessen. Jetzt, im Jahr 2011, arbeitet er beim Bauunternehmen Grafton's, und zwar als Buchhalter in der Kreditorenabteilung. Dazu hat Eric ein bisschen geschummelt in seinem Lebenslauf. Den Knast konnte er zwar nicht verschweigen, aber die – sozusagen – einschlägige Vorstrafe. Bei seiner neuen Stelle ist ihm zumute wie einem Rottweiler in einer Fleischerei. Über Tessa braucht man für diese Geschichte nicht viel zu wissen, außer dass sie Eric verfallen ist.

Eric ist nicht gerade ein Genie, aber bei seiner Arbeit kommt ihm eine Idee: Einer der Lieferanten seines Arbeitgebers heißt Tucker, und genauso heißt auch seine Verlobte Tessa mit Nachnamen. Eric stellt kurzerhand Grafton's gefälschte Rechnungen in Tessas Namen. Grafton's stellt anstandslos Schecks auf den Namen Tucker aus, und zwar in Höhe von insgesamt 100 000 britischen Pfund (etwa 119 000 Euro). Das Geld landet auf Tessas Konto.

Eric ist Tessas Held. So einfach ist es also, an Geld zu kommen, wenn man es richtig anstellt! Eric gibt sich großzügig mit dem fremden Geld: »Schatz, was wünschst du dir denn als Erstes?« Das weiß Tessa ganz genau: »Neue Brüste! Die wollte ich immer schon haben.« Dagegen hat Eric nichts. Und das Silikon samt Einbau kostet auch nur schlappe 4000 Pfund. Aber jetzt sind Erics Bedürfnisse dran. Das heißt bei ihm ein Suzuki-Motorrad für 9000 Pfund und ein Volvo C70 Coupé für 14 000 Pfund.

Dann noch was für beide: eine Traumhochzeit, und zwar am selben Tag wie Prinz William und Kate Middleton. Damit ist zwar Tessas nützlicher Nachname dahin, aber mit dem neuen Familiennamen Sawford werden sie auch etwas anfangen können. Es wird ein rauschendes Fest. Das junge Ehepaar beschenkt sich selbst am reichsten. Tessa schmilzt dahin. Ihr Eric ist der Größte.

Man kennt das aus vielen Krimis: nur nicht auffallen nach einem Bruch, einer Unterschlagung oder ähnlichen Schweinereien – kein plötzlicher luxuriöser Lebensstil! Das erregt nur unnötig Misstrauen. Unsere Turteltäubchen tun jedoch genau das. Sie leben in Saus und Braus. Und die Freunde und Bekannten tun genau das, was man in solchen Fällen tut: Sie wundern sich.

Grafton's stellt eine einfache und naheliegende Rechnung an: neuer Mitarbeiter mit krimineller Vergangenheit + auf einmal verschwindet Geld + mysteriöse Rechnungen auf den gleichen Nachnamen wie von der Verlobten des neuen Mitarbeiters mit krimineller Vergangenheit + plötzlicher aufwendiger Lebensstil = Betrug. Restergebnis: Der Mitarbeiter ist so doof, dass man ihn schon deshalb feuern müsste.

Im Prozess trägt Erics Verteidigerin vor, er habe sich verschuldet, um Tessa etwas bieten zu können. Außerdem habe er sich dafür bedanken wollen, dass sie sich um ihn und seine Tochter kümmere. Da er seinen früheren Job in der Wirtschaftskrise verloren habe, seien ihm die Schulden über den Kopf gewachsen.

Die Richterin quittiert das sinngemäß mit »Ja, nee, is' klar« und verurteilt ihn zu weiteren 22 Monaten Knast. Tessa kommt mit einer Bewährungsstrafe davon und vergießt bittere Tränen, als ihr Liebster abgeführt wird. Prinz William und seine Kate verbringen ungestört ihre Flitterwochen, Tessa und Eric leider nicht.

Finger weg von Instagram

Kriminelle, die ihre Fotos samt Erlebnisbericht der neuesten Tat bei Facebook posten, sind schlicht zu dumm, um als ordentliche Kriminelle durchzugehen. Aber das Internet bietet weitaus mehr Fallstricke als nur Facebook. Instagram etwa, jenes Portal, wo zwar keine Berichte, aber immerhin Fotos mit einem nicht allzu kleinen Publikum geteilt werden.

Wer sich zu dumm anstellt, hat sich auch hier das Ende seiner Karriere selber zuzuschreiben. Edgar Vince Claridge (44) und Diana Denise Thugmay (39) sind zwei von ihnen. Die beiden werden schon länger wegen sogenannten Identitätsdiebstahls von der Polizei gesucht. Wer anderen Menschen ihre Identität klaut, der bedient sich ihrer persönlichen Daten, um damit verschiedene nicht allzu legale Dinge anzustellen, Steuerhinterziehung etwa. Und da nicht jeder, der dann und wann eine falsche Identität braucht, auch weiß, wie man an sie herankommt, gibt es einen blühenden Handel mit diesen Daten.

Geschäfte schließt man bekanntlich beim Essen ab. Edgar und Diana sind Herr und Dame von Welt, also gehen auch sie am 7. Januar 2013 mit ihrem Geschäftspartner zu Morton's. Objekt des Handels ist ein USB-Stick mit den Angaben zu nicht weniger als 50 000 Personen. Dumm nur, dass ihr Geschäftspartner ein verdeckter Ermittler der amerikanischen Steuerbehörde IRS aus Fort Lauderdale/Florida ist. Ob der seinerseits zu den ganz Schlauen gehört, sei hier einmal dahingestellt. Denn nach dem Essen besitzt er zwar den Stick. Was ihm zu den 50 000 Datensätzen allerdings fehlt, sind die richtigen Namen seiner beiden Geschäftspartner. Und ohne Namen geht auch in der amerikanischen Justiz in so einem Fall herzlich wenig.

Es haben sich aber offenbar die drei Richtigen getroffen. Denn ganz so dumm ist der Ermittler nicht. Er durchkämmt den USB-Stick und stößt neben den geklauten Identitäten auch auf den Namen Edgar Vince Claridge. Und jetzt macht er, was wohl jeder in diesem Moment machen würde: Er googelt den Namen. Und siehe da: Bei Instagram wird Google fündig. Edgar hat dort ein vorbildliches Profil angelegt. Dazu: ein Bild mit dem Steak, das er an jenem 7. Januar beim Geschäftsessen bestellt hatte – Instagram hat gerade zu einem »Food-Porn«-Wettbewerb aufgerufen. 50 000 falsche Identitäten hätte Edgar zur Verfügung gehabt, aber nein, mit der einzigen richtigen nimmt er am Wettbewerb teil. An anderer Stelle lassen sich noch sein Name und ein

Porträtfoto kombinieren. Schlecht für Edgar, gut für den Ermittler. Auf den Betrüger und seine Komplizin warten nun
bis zu zwölf Jahre Haft. Allzu große Offenheit im Netz rächt
sich eben häufig.

Keine Partys für den Chef

Großzügigkeit kann manchmal wirklich fies bestraft werden.
Da tut man sein Bestes, man organisiert und plant, man te-
lefoniert in der Gegend herum, beauftragt Cateringfirmen
und schaut sich noch mal ganz genau an, ob das bereitge-
stellte Personal auch den eigenen Vorstellungen entspricht.
Und dann? Polizei. Anklage. Der ganze ärgerliche Mist.

Dabei hatte es Vanessa B. aus Boca Grande/Florida wirklich nur gut gemeint. Nun ja, vielleicht nicht nur gut. Zumindest nicht am Anfang. Ein paar Jahre lang. Das heißt, da
hatte sie es durchaus auch schon gut gemeint. Aber eben vor
allem gut mit sich selber. Denn Vanessa, die als Abteilungsleiterin in einem Immobilienbüro arbeitet, hatte viel eingekauft. Dafür hatte sie Kredite aufgenommen. Und wie finden
es Banken, wenn man seine Schulden nicht brav abzahlt?
Eben. Und Vanessa ist keine, die ihre Schulden nicht abzahlt. Vanessa ist verlässlich. Nur hat sie eben doch ein eher
niedriges Einkommen, von dem lassen sich nicht so leicht
mehrere Kredite gleichzeitig abzahlen. Aber Vanessa kann
mit Geld umgehen. Deshalb ist sie nicht nur Abteilungsleiterin, sie ist auch alleine dafür verantwortlich, Rechnungen
und Gehälter zu zahlen. Und ihre Kreditgeber rechnen fest
mit der Abzahlung. Also macht Vanessa, was man eben so
macht, wenn man die Dinge alleine zu verantworten hat. Sie

– 33 –

»leiht« sich Geld bei ihrem Arbeitgeber. Schön, sie leiht sich das Geld zehn Jahre lang, und sie macht das unter anderem, indem sie sich selber das Gehalt ein bisschen erhöht. Vielleicht auch ein bisschen mehr erhöht. Und manchmal nimmt sie auch Geld direkt von den Firmenkonten. Aber die Schulden ...

Und Vanessa ist nicht undankbar. Nach zehn Jahren findet sie, dass sie ihrem Chef für so viel Vertrauen und so viele indirekt abgezahlte Kredite etwas schuldig ist. Und da organisiert sie Anfang 2013 diese Party. Immerhin eine Geburtstagsparty. Vom Firmengeld. Oder ihrem eigenen. So genau lässt sich das ja nicht immer trennen. Perfektionistisch, wie sie nun mal ist, wird das eine besonders opulente Party. Damit überrascht sie ihren Chef.

Und der ist tatsächlich überrascht. Wie um alles in der Welt kann sich Vanessa so ein Fest leisten? Nicht, dass das nicht großartig organisiert wäre. Tolles Essen, tolle artistische Einlagen, der Raum ist großartig dekoriert. Bloß: von welchem Geld? Doch nicht etwa ...? Der Chef tut etwas, was er bisher noch nie getan hat: Er mischt sich in die Buchhaltung ein. In Vanessas Verantwortungsbereich. Und dabei stellt er fest, dass seine ihm treu ergebene Abteilungsleiterin in den vergangenen zehn Jahren nicht weniger als 181 674 Dollar abgezweigt hat. Er verständigt die Polizei. Die Anklage lautet auf Unterschlagung, aber gegen eine Kaution von 150 000 Dollar könnte Vanessa wieder freikommen. Das ist nun fast so viel, wie sie in den letzten zehn Jahren für sich gebraucht hat. Damit hätte sie ja wieder Schulden! Vanessa findet das ziemlich undankbar. Und gar nicht nett von ihrem Chef.

– 34 –

Ausflug mit Leiche

Verbrechen muss sich lohnen, sollte man meinen. Warum einen raffinierten Plan ausklügeln und riskieren, für immer im Knast zu landen, wenn dann nur zehn Euro herausspringen?

Aber so vorausplanend denkt nicht jeder, und schon gar nicht Cliff Mc H. (65) und Gordimer K. E. (65) aus Manhattan. Die beiden machen sich richtig viel Arbeit. Allerdings können sie auch auf eine jahrzehntelange Laufbahn als erfolgreiche Kleinkriminelle zurückblicken. Aber noch mal ganz von vorne:

Eines schönen Tages im Jahr 2008 findet Cliff seinen Mitbewohner Virgilio C. (66) tot in seinem Zimmer (er ist eines natürlichen Todes gestorben, wie sich später herausstellt). Jeder Mensch mit Sinn für ordentliche zeitliche Abläufe würde nun die Polizei, die Angehörigen, das Bestattungsinstitut oder wen auch immer informieren. Aber nicht Cliff. Der geht erst einmal in aller Ruhe nach draußen und schaut nach, was so alles an Post gekommen ist. Und dort im Briefkasten findet er ein Schreiben der Sozialversicherungsbehörde samt Scheck über 355 Dollar. Allerdings ist dieser Scheck personengebunden, einlösen kann ihn nur Virgilio. Der das ja nun auch nicht mehr kann.

Und nun beginnt ein Szenario, das es spielend in jede Slapstick-Komödie schaffen würde:

Cliff ruft als Nächstes seinen Kumpel Gordimer an, immerhin geht es um 355 Dollar. Beide beschließen, dass ihr Freund nun irgendwie persönlich beim Finanzdienstleister Pay-O-Matic erscheinen muss, um dort den Scheck einzulösen. Sie ziehen ihm also T-Shirt, Mantel und Turnschuhe an und setzen ihn auf einen rollbaren Bürostuhl. So ausstaf-

– 35 –

fiert machen sie sich auf den Weg, mitten durch die Straßen New Yorks. Es ist nicht so, dass den New Yorker Passanten gar nichts auffallen würde, zumal der Dritte im Bunde mehrmals vom Stuhl kippt, aber in New York ist so schnell gar nichts ungewöhnlich, also mischt man sich da erst mal nicht ein. Und das ist auch gut so, denn Cliff und Gordimer sind schon strapaziert genug, so einfach ist das schließlich nicht, einen ziemlich widerspenstigen Toten durch die Straßen zu schieben.

Richtig stressig wird das Ganze aber für sie, als Travis Rapp, seines Zeichens pensionierter Polizist, die Szene um seine durch und durch ungebetene Gegenwart bereichert. Von jetzt an fühlen sich Cliff und Gordimer verfolgt. Womit sie nicht irren, denn sie werden auch verfolgt. Zunächst allerdings, ohne dass irgendetwas geschehen würde. Dann aber, zwei Meter vorm Eingang zu Pay-O-Matic, fängt Travis Rapp an, sich auf infame Weise einzumischen. Was sie denn da machen würden und ob sie gar nicht bemerkt hätten, dass der Mann auf dem Bürostuhl bereits tot sei. »Er muss da rein und einen Scheck einlösen«, erwidert Cliff geistesgegenwärtig. Aber Rapp bleibt anstrengend. Sie würden erst mal nirgends hineingehen, stattdessen werde er jetzt einen Sanitäter rufen. Der kommt und erklärt, was alle bereits wissen, der Mann sei tot. Cliff erkennt: Jetzt ist Schauspieltalent gefragt. »Oje, wirklich, das haben wir nicht gewusst!«, ruft er aus.

Aber wenn er bisher auch ein durchschnittlich begabter Kleinkrimineller war, als Schauspieler würde er es nicht mal zum Vorsprechen schaffen. Weder Travis Rapp noch der Sanitäter noch die Polizei, die inzwischen auch dazugestoßen ist, nehmen ihm die Überraschung ab. Ziemlich dämlich gelaufen.

Der Eine-Million-Dollar-Schein

Beginnen wir vorsichtig: Wie genau sieht ein 20-Euro-Schein aus? Haben Sie die Details im Kopf? Ganz grob: Er ist blau bedruckt, und auf einer Seite sind so gotische Kirchenfenster drauf, zwei Stück, und eine geometrische Figur in schattiertem Blassrosa. Wenn Sie jetzt einen Schein in der Hand hielten, auf dem die Rosetten der Fenster etwas ... sagen wir ... abgewandelt sind – würden Sie das merken? Nö.

Genau das ist Roger Fred D.s Grundüberlegung: Solange sich der Schein einigermaßen echt anfühlt, merkt kein Schwein, dass er nicht rasserein ist. Nun ist Roger aber ein ehrgeiziger Mann mit Wünschen im Leben. Schließlich ist er schon 53, die Midlife-Crisis schlägt feste zu und mit ihr die Frage: War das schon alles? Was habe ich eigentlich erreicht? So brütet Roger in Lexington/North Carolina im November 2011 über seinem Leben.

Der zweite Frühling hat ihn unerbittlich im Griff, und die Hormone sorgen dafür, dass sein Denkapparat nicht ganz so reibungslos funktioniert wie sonst. Und in diesem Apparat scheppert und rappelt es auch ohne zweiten Frühling ganz gewaltig, sprich – Roger ist auf intellektuellem Gebiet nicht gerade die letzte Cola in der Wüste.

Da durchfährt ihn ein hormongeschwängerter Geistesblitz. Banknoten nachzuahmen ist doch Peanuts. Bis zu welchem Wert gehen die rauf? Das weiß er nicht. Aber es weiß bestimmt niemand, mit welchen Höhen die Scheinchen bedruckt sind, die man unter Chefs und Vorstandsmitgliedern so austauscht. Was hat wohl ein Manager bei General Electric im Portemonnaie an Bargeld? Unter sechs Nullen läuft da gar nichts. Aber das kriegt der normale Mensch auf der Straße ja nicht mit.

Gedacht, getan. Im November 2011 macht Roger sich auf zum Walmart um die Ecke. Dort packt er ein paar Dinge in den Einkaufswagen, die er sowieso braucht, einen Staubsauger und eine Mikrowelle etwa. An der Kasse bittet ihn der Verkäufer um 476 Dollar. Roger ist ganz Pokerface. Ohne eine Miene zu verziehen, legt er eine Eine-Million-Dollar-Note hin.

Er ist vielleicht sonst nicht der Hellste, aber in Mathe war er immer schon gut. »Dann kriege ich noch 999524 Dollar zurück.« Hinter Roger in der Schlange gluckst es, aber das beachtet er nicht weiter.

Doch auch der Verkäufer scheint den Vertragsschluss nicht ganz ernst zu nehmen: »Sir, das ist wirklich witzig, aber hinter Ihnen warten noch andere Leute.«

Roger ist empört. »Was soll das heißen, witzig? Haben Sie das Wechselgeld nicht da, oder was?«

Der Kassierer hebt eine Braue: »Sir – dieser Schein ist offensichtlich nicht echt.«

»Woher wollen Sie das wissen, Sie Flachzange? Sie haben ihn ja noch nicht mal berührt!« In der Schlange ist man sich ungewiss, ob man mit oder über Roger lachen, sich ärgern oder ihn einfach erschießen soll.

Mag sein, dass sich andere von solchem Unmut ins Bockshorn jagen lassen, aber nicht ein Roger Fred D. jr. aus Lexington/North Carolina! »Holen Sie mir sofort den Geschäftsführer her!«, bellt er den Verkäufer an.

Doch der steht schon bereit: »Wie kann ich Ihnen helfen, Sir?«

Endlich kann Roger sich mit jemandem unterhalten, der

in einer höheren Gehaltsklasse arbeitet und der wenigstens eine Ahnung davon hat, in welche Höhen sich der Wert von Geldscheinen hinaufschrauben kann. Roger beschwert sich, dass sein gutes Geld hier nicht akzeptiert werde.

»Der Geldschein ist nicht echt, Sir«, sagt aber auch der Geschäftsführer.

»Woher wollen Sie das wissen? Haben Sie schon einmal einen Eine-Million-Dollar-Schein gesehen?« Roger ist ganz in Rage.

Sein Gegenüber schüttelt stoisch den Kopf. »Nein, Sir.«

Zeit für Rogers schlagendes Argument: »Und woher wollen Sie dann wissen, dass er gefälscht ist, hä? Sie ... Sie 5-Dollar-Heini, Sie!«

Es vergehen noch einige Minuten, bis die Beteiligten glauben können, dass Roger es ernst meint. Schließlich wird es dem Geschäftsführer zu bunt. Er ruft die Polizei. Roger wird wegen versuchten Betrugs und des Besitzes von Falschgeld angeklagt. Danach lässt man ihn gegen eine Kaution von 17 500 Dollar auf freien Fuß. Ob er versucht hat, die Kaution mit einer 20 000-Dollar-Note zu begleichen, ist uns nicht bekannt.

Ich hätte gerne 360 Milliarden Dollar, bitte!

»Everything's bigger in Texas«, in Texas ist alles etwas größer, das denkt sich eines schönen Tages im April des Jahres 2008 Buster L. (21) aus Fort Worth/Texas. Also mal nicht zimperlich sein. Er kann vorbildlich Schecks fälschen, so schnell kommt ihm da keiner auf die Schliche. Darum stellt er sich einen über 360 Milliarden Dollar aus und setzt als

Geldgeberin die Mutter seiner Freundin Susan ein. Na gut, denkt er, als er den Scheck noch einmal begutachtet, ganz wenig ist das nicht. Aber was soll's, das hier ist Texas und nicht irgend so ein Popelstaat in Neuengland.

Zu den Allerschlausten gehört Buster zweifelsohne nicht, sonst wäre ihm vielleicht aufgefallen, dass der Betrag doppelt so hoch ist wie das Bruttoinlandsprodukt von Peru. Aber wer kann schon das Bruttoinlandsprodukt jedes lateinamerikanischen Landes kennen? Also auf in die Bank.

Zugegeben, auch die Bankangestellte stutzt kurzfristig bei dieser nicht ganz kleinen Summe. Aber, erklärt Buster, das sei wirklich nicht weiter erstaunlich. Er wolle schließlich eine Plattenfirma gründen, und diese läppischen Milliarden habe ihm Susans Mutter, »also, Susan ist meine Freundin, müssen Sie wissen«, die habe ihm das Geld als Starthilfe gegeben. Doch ja, die sei schon eher ein bisschen reicher. Die könne sich so was leisten.

»Alles klar«, erwidert die Bankangestellte, »ich frage eben mal nach.«

Wahrscheinlich will sie sich erkundigen, worin man die Scheine am besten verstaut, denkt sich Buster. Aber die Bankangestellte lässt sich Susans Nachnamen geben, und dann möchte sie auch noch wissen, wie denn die Mutter mit Vornamen heiße und wo Susan und ihre Mutter wohnten. Was jetzt Susans Mutter mit dem Verpacken der Scheine zu tun hat, ist Buster auch nicht ganz klar, aber er gibt trotzdem artig Auskunft.

Lästig ist jetzt zweierlei: erstens, dass Susans Mutter so absolut gar nichts von dem Startkapital für die Plattenfirma weiß, und zweitens, dass nun auch noch die Polizei auftaucht. Und richtig ärgerlich wird das Ganze, als die Polizisten anfangen, an ihm herumzufingern. Auf die Weise finden sie nämlich die Waffe, für die Buster keinen Waffenschein hat, und den braucht man sogar in Texas. Und nicht genug damit, auch das Marihuana nehmen sie ihm weg. Dabei hätte das noch locker für die nächsten drei Wochen gereicht. Versuchter Scheckbetrug, unerlaubter Waffen- und Rauschgiftbesitz. Das gibt Festnahme. Allerdings kommt Buster gegen eine Kaution von lahmen 3750 Dollar wieder auf freien Fuß. Wer die bezahlt hat, wissen wir übrigens nicht.

Nehmt von den Reichen und gebt es den Armen – am besten mir

Sarah H. aus Phoenix/Arizona zeichnet sich seit ihrer Kindheit durch einen ausgeprägten Gerechtigkeitssinn aus. Soziale Ungleichheit ist ihr seit jeher ein Gräuel. Und Sarah weiß sich zu helfen. Sie stellt eine einfache Ungleichung auf: »Meine Firma hat viel Geld, ich nicht.« Hat man diese simple Wahrheit einmal erkannt und durchdrungen, die die gesamte kapitalistische Arbeitswelt durchzieht, dann gibt es nur eine Schlussfolgerung: den Ausgleich, die Umverteilung, die Wiederherstellung des Gleichgewichts.

So weit, so gut. Bis hier kann sich Sarah immer noch auf gesellschaftliche Strömungen stützen, die das ebenso sehen. Ab jetzt geht sie allerdings einen gewissen Sonderweg. Sarah ist übrigens vorbestraft wegen Unterschlagung. Aber das war nur eine Bewährungsstrafe, und die liegt außerdem sieben Jahre zurück. Wir wissen nicht genau, wie sie mit diesem Hintergrund eine Stelle als Buchhalterin in einer Tierklinik erhalten hat, aber das ist auch nicht wichtig. Entscheidend

– 41 –

ist, dass jeden Tag satte Beträge über Sarahs Schreibtisch laufen und dass das – sagen wir vorsichtig – einen gewissen Reiz auf sie ausübt.

Dann wäre da noch die Kirche. Da arbeitet Sarah auch, und zwar in der Buchhaltung ihrer Gemeinde für 300 Dollar im Monat. Eigentlich hat Sarah mit der Kirche gar nichts am Hut, sie ist ihr schnurzpiepe. Die Kirche hat in der Geschichte nämlich auch verdammt viele Gemeinheiten begangen, und der Pfarrer hat Sarahs 39. Geburtstag vergessen. Wieder ein Fall für ihren Gerechtigkeitssinn.

Buddha sagt: Wenn du den richtigen Weg gefunden hast, dann beschreite ihn weiter. Vielleicht war es auch Laotse, Diana Ross oder Daniel Küblböck, aber jedenfalls hat Sarah jetzt einen Weg gefunden, sich in Einklang zu bringen mit dem Universum, sich selbst, ihrem bescheuerten Arbeitgeber, der beknackten Kirchengemeinde und ihrem Bankkonto.

Sarah stellt also Schecks zulasten der Tierklinik und der Kirchengemeinde auf ihren Namen aus und lässt sie direkt ihrem eigenen Konto gutschreiben. Die Klinik erleichtert sie so um 130 000, die Gemeinde um weitere 25 000 Dollar. Wenn Sie jetzt denken: Mein Gott, ist die dämlich! – Moment, wir sind noch nicht am Ende. Sarah ist ja Buchhalterin und hat irgendwo auch ein gewisses Berufsethos. Daher hält sie alle Vorgänge fein säuberlich fest, mit Datum und sich selbst als Zahlungsempfängerin.

Im Februar 2013 führt die amerikanische Steuerbehörde IRS eine Prüfung in der Tierklinik durch. Zu prüfen gibt es eigentlich gar nichts. Es liegt alles offen da. Sarah hat die Unterlagen für die Steuerprüfung sogar höchstselbst vorbereitet. Ob sie wohl dachte, es fällt niemandem auf, dass

130 000 Dollar fehlen? Jedenfalls ist sie ganz von der Rolle, als ihr Betrug auffliegt. Arme Sarah.

Der Rest ist schnell erzählt: Sie bekommt elf Jahre Kost und Logis auf Staatskosten. Fairerweise muss man aber erwähnen, dass da noch zwei Kleinigkeiten einfließen – zum einen wird bei Sarah eine Pistole gefunden, die sie wegen einer Bewährungsauflage nicht besitzen darf. Zum anderen sind da noch zwei kleine Kreditkarten, die sie gestohlen hat. Auch deren Nutzung hat Sarah sauber dokumentiert. Ordnung ist eben das halbe Leben.

Ganoven unter sich

Im Nachhinein betrachtet muss man Eleonore Knitter dankbar sein. Gut, vielleicht nicht dankbar, aber interessant ist es schon, was bei ihrem Beutezug herauskam. Und das war so: Eleonore ist Angestellte einer Bank in Mount Holly/New Jersey, und sie gehört auch zu diesen Menschen, die meinen, das Leben schulde ihnen etwas. Täglich geht sie mit Geld um, manchmal mit viel Geld, und sie schaufelt die Zahlen brav vom einen Konto aufs andere.

Bis sie eines Tages die Faxen dicke hat. Es reicht. Immer den Deppen spielen und dafür nur ein paar miese Mäuse im Monat zu beziehen, das ist doch kein Leben. Man könnte die monatlichen Einkünfte ja etwas aufpeppen, denkt sie sich. Quasi als Zuverdienst. Eleonore geht ihre Kunden durch. Da ist einer – Mann, dieser Kenneth Costello ist auch noch so ein arroganter Schnösel! –, der hat so viel Geld ... wenn dem ein bisschen fehlt, das merkt der gar nicht.

Wer das Geld hat, hat die Macht, und wer die Macht hat,

hat das Geld, denkt sich Eleonore. Gut, das ist nicht wortgetreu der Text bei »Ton Steine Scherben«, aber so ähnlich. Sie repräsentiert ja nicht nur etwas Geld, sondern die ganze Bank. Und sie hat die Macht, sich zum Beispiel so eine klitzekleine zweite Kundenkarte auf Kenneths Konto auszustellen. Das ist so cool! Eleonore geht erst einmal ordentlich shoppen.

Kenneth hat in der Tat keinen Überblick. Das braucht er auch nicht. Ist ja genug Geld da. Eleonore Knitter sagt ihm schon, was auf seinem Konto los ist. In den nächsten zwei Jahren erleichtert sie ihn um 100 000 Dollar. Das sagt sie Kenneth natürlich nicht, aber das fällt ihm wie erwartet lange auch nicht auf. Bis er dann doch mal einen Blick auf seinen Kontostand wirft. Er ist zwar nicht kleinlich, aber ein sechsstelliger Betrag zu wenig fällt ihm dann doch auf. Kenneth verständigt die Polizei. Und eigentlich ist erst das die Stelle, an der die Dummheit ins Spiel kommt.

Die Polizei nimmt Eleonore fest. So weit, so gerecht für Kenneth. Nur hätte er aus seiner rein subjektiven Sicht ein immenses Interesse daran haben sollen, dass sich die Polizei sein Konto tunlichst nicht genauer anschaut. Das tut sie aber im Zuge seiner Anzeige.

Dabei stellt die Polizei von New Jersey fest, dass auf Kenneths Konto zwar viel Geld fehlt, dass da aber noch mehr Geld ist, das nicht dorthin gehört. Und zwar 545 000 Dollar. Die hat Kenneth am Finanzamt vorbeigeschmuggelt. In seinen Steuererklärungen hat er ein paar, sagen wir, für ihn vorteilhafte Angaben gemacht. Das Ergebnis der polizeilichen Untersuchung führt für ihn damit zu einem negativen Saldo von 445 000 Dollar. Hätte er sich vorher denken können, aber Kenneth hat's ja nicht so mit Geld.

Vor Gericht sehen sich Eleonore und Kenneth im Juni 2012 wieder. Es ist noch untertrieben, die Stimmung als aggressiv zu bezeichnen. Eleonore kommt noch mal mit einem blauen Auge davon und erhält eine Bewährungsstrafe. Für Kenneth führt der Weg vom Gericht jedoch direkt hinter schwedische Gardinen. Dort nimmt er sich vor, beim nächsten Mal einfach die Klappe zu halten.

Kapitel 3

Raubüberfälle

Das gute Versteck

Als Bosse an diesem Märzmorgen des Jahres 2012 im schönen schwedischen Halmstad aufwacht, hat er schlechte Laune. Ganz schrecklich schlechte Laune sogar. Gestern hatte ihm seine Freundin Gunilla eine ihrer eindrucksvollsten Szenen gemacht, dass es dieses eine Armband sein müsse. Unbedingt. Nur dieses eine. Natürlich vom teuersten Juwelier in ganz Halmstad. Wenn nicht überhaupt in ganz Schweden. So was ist typisch für Gunilla. Den ganzen Tag war alles wunderbar gelaufen zwischen ihnen, und dann am Abend ... das Armband. Das eine. Und das wisse er übrigens schon seit Wochen, warum sie das eigentlich nicht längst schon als Überraschung auf dem Tisch gefunden hätte. Bosse kennt Gunilla. Wenn sie in dieser Stimmung ist, macht man besser, was sie sagt. Das Problem ist nur: Dieses Armband kostet mehrere tausend Kronen, genau genommen deutlich mehr Kronen, als er in einem Monat verdient.

Während Bosse sich sein Marmeladenbrot schmiert und darüber nachdenkt, dass Gunilla manchmal wirklich eine ziemlich ätzende Trine sein kann, fällt sein Blick auf das Messer in seiner Hand. So ein Messer ... Bestimmt laufen da draußen in Halmstad ein paar Leute herum, die mehr verdienen als er. Und wenn er nun das Messer ... und sie dann

– 46 –

ganz höflich darum bittet ...? Kann ja funktionieren. Vielleicht könnte er denen auch von Gunillas ätzender Stimmung erzählen, wegen des Armbandes.

Bosses Laune bessert sich deutlich. Gleich nachher will er das mal versuchen, am besten in der Mittagspause, da hat er immer gut eine Dreiviertelstunde Zeit.

Gedacht, getan. Und es dauert nicht lange, da entdeckt er schon die passende Geldgeberin. So wie die Frau angezogen ist, kauft sie wahrscheinlich immer in genau den Läden, in denen Gunilla gerne einkaufen würde, wenn sie es sich leisten könnte. Bosse zupft die Frau also von hinten am Ärmel und hält ihr dann, als sie sich zu ihm umdreht, das Messer vor die Nase. Die Frau schaut ein bisschen überrascht, aber sie macht keine Anstalten, ihr Portemonnaie zu öffnen.

Doch dann wird Bosse von hinten festgehalten. »Moment mal, mein Lieber«, hört er eine Männerstimme sagen. Das klingt nach Ärger. Bosse reißt sich los und läuft. Egal wohin, Hauptsache erst mal weg von diesem unangenehmen Typen hinter ihm. Aber das gelingt nicht so einfach. Denn der bleibt dicht an ihm dran. Und so ganz allmählich geht Bosse die Luft aus, vielleicht hätte er doch ab und zu mal etwas Sport machen sollen. Was jetzt? Er kann seinem Verfolger ja schlecht erklären, dass er mal eine kleine Pause bräuchte. Wegen mangelnder Kondition und dergleichen. Da erscheint die Lösung aller Probleme direkt vor ihm. Ein Haus. Mit einer geöffneten Tür. Nichts wie rein, da gibt es bestimmt ein paar Verstecke.

Die gibt es. Aber ganz anders, als Bosse sich das vorgestellt hat. Denn auf seiner Flucht rennt er direkt ins Hauptquartier der Polizei von Halmstad. Das nächstbeste Versteck, das er ansteuert, ist eine leere Zelle. Die die Polizei nun langsam und freundlich hinter ihm verschließt.

Vor dem Raub bitte dieses Formular ausfüllen

Manche Menschen sind zu gut für diese Welt. Sie denken nicht nur an sich, sondern vor allem an andere. Und sie vertrauen anderen viel zu leicht und werden später enttäuscht. So ein Mensch ist Thelonious N. aus DeBary/Florida. Er ist gerade mal 17 und weiß noch nicht, wie schlecht die Welt sein kann. Na gut, das stimmt nicht ganz: Thelonious hat ein paar Einbrüche und Drogengeschichten hinter sich, aber eigentlich ist er ein guter Junge, wie seine Oma der Presse später sagen wird. Thelonious' Opa hatte einen Herzinfarkt und benötigt eine teure Operation, für die der Familie das Geld fehlt.

Thelonious hat auch kein Geld. Aber er hat ein gutes Herz. Also besorgt er sich eine Luftpistole, nichts richtig Gefährliches also, und überlegt, wen er damit ausrauben kann. Privatleute auf der Straße scheiden aus. Das verstößt gegen Thelonious' Ethik. Ein Geschäft muss also her. Aber welches? Die Zeiten sind hart, und viele Läden haben selbst Schwierigkeiten. Sex! Das ist es. Sexshops gehen immer. Also spaziert der edle, junge Thelonious in den nächsten einschlägigen Shop. Er heißt »Cupid's Corner« und bietet »Videofilme und Spielzeug für Erwachsene« an (so der Jargon in den USA).

Dort bedient gerade Cheryl Hunter. Sie ist 32, hat vier Kinder und ist es demzufolge gewohnt, ein strenges Regiment zu führen. Thelonious ist ein bisschen nervös. Eigentlich darf er da mit seinen 17 Jahren noch gar nicht rein. Aber er denkt an die gute Sache für Opa und wedelt mit der Luftpistole vor Cheryl herum. Die ist wenig beeindruckt. Thelonious erinnert sie ein wenig an ihren ältesten Bengel.

»Was soll denn das werden, wenn es fertig ist, Kleiner?«

»I-ich will das ganze Geld.«

Cheryl bricht in schallendes Gelächter aus. Das ist nicht gut für Thelonious' Selbstvertrauen.

»I-ich habe eine Wa-affe.«

»Kleiner, was soll das? Du machst doch deine ganze Familie unglücklich. Hast du noch nie vom amerikanischen Traum gehört? Hier kann es jeder schaffen, und zwar auf ganz legale Weise. Such dir einen Job, Junge!«

Jetzt kommen Thelonious die Tränen. Thelonious will seinen Opa doch nicht unglücklich machen, er will ihm helfen. Cheryl gerät richtig in Fahrt. Sie hält Thelonious einen zwanzigminütigen Vortrag über den amerikanischen Traum und darüber, dass man es überall schaffen kann, wenn man es in DeBary/Florida schafft. Heute sei der erste Tag vom Rest seines Lebens. Und rein zufällig sei im »Cupid's Corner« gerade eine Stelle frei.

»Da hast du dann ehrliche Arbeit, Kleiner. Warte kurz, ich hol dir schnell mal ein Bewerbungsformular.«

Thelonious hat seine Luftpistole zwar immer noch auf Cheryl gerichtet, aber darum hat sie sich ja schon die ganze Zeit nicht gekümmert. Sie macht kehrt, geht nach hinten und kommt mit einem Formular zurück. Thelonious' Teenager-Hormone kümmern sich inzwischen eher um Cheryls tief dekolletiertes Oberteil als um den Raub.

»Trag deine Daten ein, Kleiner, und hier unterschreiben. Und denk immer an den American Dream.«

Thelonious ist ganz betäubt von der sexuell aufgeladenen Atmosphäre, die ihn umgibt, und von Cheryls Reizen. In seinem Hinterkopf meldet sich noch der Gedanke an Opa, aber dem lässt sich mit ehrlicher Arbeit im Sexshop vielleicht auch helfen. Also füllt Thelonious das Formular aus und spürt bei der anschließenden Umarmung mit Cheryl ihren stattlichen Busen. Zeit für die Zigarette danach. Die beiden rauchen eine.

»Siehst du, Junge, das war dein erster Schritt in ein besseres Leben. Geh doch mal kurz nach nebenan zum Koreaner und besorg uns gegen die Hitze einen Litschi-Saft.«

Der arme Thelonious ist ganz high vor Verlangen. Cheryl hätte ihn auch bitten können, in den Sümpfen Floridas mit einem Alligator zu ringen und ihr aus der Haut eine Handtasche zu fertigen – hätte er ebenso getan. Er hat noch nicht gelernt, wie verdorben die Menschen sein können. Also macht er sich auf zu Mr. Kim und besorgt dort zwei eisgekühlte Dosen Litschi-Saft. Die heimtückische Cheryl ruft inzwischen die Polizei, die schon vor dem Sexshop steht, als Thelonious den Koreaner verlässt.

Thelonious stiehlt sich davon und versteckt sich zu Hause. Was ihm aber leider nichts nutzt, denn kurz darauf klingelt es an der Tür. Thelonious hat nach seinem Raubversuch ehrlich und restlos alle Daten angegeben, die das Formular verlangt, einschließlich Augenfarbe, Gehaltsvorstellung, E-Mail- und Wohnadresse. Das Gericht bezieht sich auf seine Vorstrafen und verurteilt Thelonious zu zehn Jahren Knast. Eine Sache meint er nun gelernt zu haben: »Frauen kannst du niemals trauen.«

Wer angibt, hat mehr vom Leben

Das Internet ist eine Spielwiese der Eitelkeit. Und James R. aus Manhattan ist ein eitler Mann. Er kriegt im Leben wenig auf die Reihe, aber wenn ihm dann mal etwas glückt, dann gehört das an die große Glocke, meint er. James träumt nämlich schon lange von einer Karriere als Gangsta-Rapper. Mit dicken Ringen, schweren Ketten, protzigen Uhren und einer Limousine im Hintergrund, auf der sich eine Blondine im Bikini räkelt.

Eines schönen Morgens im Jahre 2008 kommt James an einer Bushaltestelle vorbei, und da sitzt so ein Kerl mit einem echt gangsta-mäßigen Ring und einer total hip-hoppigen Uhr. Besonders der Ring hat es James angetan: blaue und weiße Steine und voll fett, das Teil. Die Uhr ist vielleicht keine echte Rolex, geht aber bei Bodennebel als eine durch. James spricht den Fremden an.

»Hey, du, Mann, sind das deine Sachen an der Hand?« Das ist nicht gerade die intelligenteste Frage, denn für die Eigentümerschaft spricht immerhin der Anscheinsbeweis, aber mit diesem Ausspruch ist für James noch lange nicht das Ende der Fahnenstange seiner Genialität erreicht. Jedenfalls entgegnet der auf den Bus Wartende etwas Unfreundliches über den Beruf von James' Mutter und dann noch etwas über James' Zeugungssituation. Woraufhin James dem Mann eine Knarre unters Nasenloch hält, das Kompliment mit der Mutter erwidert und den anderen auffordert, ihm den Ring und die Uhr zu überlassen. Zum Abschied schiebt er noch ein Bonmot über den Phallus seines Opfers und dessen Skrotum nach.

James ist stolz wie Oskar. Das muss sofort seine Gang erfahren. Die Jungs werden vor Neid erblassen. Also postet er bei MySpace ein Foto von sich auf dem Sofa, auf dem er stolz seinen neuen Ring zeigt. Voll fett. Jetzt können die Kumpels bewundern, was für ein toller Hecht er ist. Es sei nochmals betont, dass der Ring wirklich sehr auffällig ist.

Das findet auch Sergeant Rodriguez von der Manhattan North Gang Intelligence Unit. Er hält sich bei MySpace auf dem Laufenden, was seine üblichen Verdächtigen so treiben. Als kurz darauf James' Opfer mit leicht geweitetem Nasenloch vor ihm steht, zeigt ihm Rodriguez das Foto bei MySpace, und der Mann identifiziert sofort Schmuckstück und James. Am einfachsten wäre es für Rodriguez jetzt natürlich gewesen, James eine kurze Mail zu schicken und ihn zu bitten vorbeizukommen. Aber Rodriguez gehört zur alten Schule und holt James selbst ab. Die nächsten fünf Jahre und vier Monate kann der Gangsta-Rapper in spe jetzt in aller Ruhe über Vor- und Nachteile der sozialen Netzwerke nachdenken.

Zu gut gearbeitet

Ludwig D. (36) ist Zahnarzt in Finsterwald bei Potsdam. Er hat nur eine kleine Praxis mit einer Arzthelferin und einer Sprechstundenhilfe. Wenn die ausfällt und er gerade Zeit hat, übernimmt er die Terminvereinbarung auch schon mal selber. Ludwig D. ist nett zu seinen Patienten, er spielt sich nie als Halbgott auf, er führt seinen Bohrer so sensibel, wie man den nur führen kann, und er entschuldigt sich nachher für den Lärm, den so eine Zahnbehandlung macht. Für all das lieben ihn seine Patienten. Dummerweise sind die nur denkbar unbegabt in Mundpropaganda, und dieser ätzende Kollege mit der völlig veralteten Praxis hat immer noch viel mehr Patienten als er. Nur weil er schon seit zwanzig Jahren am Ort ist. Dabei versichern ihm alle, dass er, Ludwig, viel besser sei. Und im Gegensatz zum alten Kollegen müsse man bei ihm auch nie lange auf den Termin warten, geschweige denn stundenlang im Wartezimmer sitzen, während drinnen der Bohrer fröhlich vor sich hin summt.

Was nützt also die ganze Freundlichkeit, wenn man Hunderttausende für die moderne Praxisausrüstung abzahlen muss. Banken rechnen, und sogar sein Kundenberater geht zu dem alten Kollegen. Also verfällt Ludwig D. eines Tages auf eine wirklich waghalsige Idee. Man hört ja immer von der osteuropäischen Mafia, Schutzgelderpressung und dergleichen. Wie wäre es denn, wenn einer von denen seiner Praxis einen Besuch abstatten würde? Ganz inoffiziell natürlich und nicht direkt wegen Zahnschmerzen. Das gäbe doch eine ganz ansehnliche Versicherungssumme.

Also bleibt Ludwig D. an diesem Dienstagnachmittag etwas länger als gewöhnlich in seiner Praxis. Nachdem Helferin und Empfangsdame gegangen sind, schaut er sich um. Eigentlich schade, gerade war die Putzfrau da. Und seine Helferin hatte außerdem eben erst aufgeräumt. Aber nach einem ordentlichen Überfall ist bekanntlich nichts mehr ordentlich. Also richtet Ludwig D. ein mittleres Chaos an. Die Bohrer liegen verstreut, das Desinfektionsmittel ist ausgekippt, alle Schubladen aufgerissen. Es sieht jetzt mit einem Wort schlampig aus. Aber, denkt Ludwig, mit so einer Verwüstung würde sich die Mafia aus Osteuropa wohl nicht ganz zufriedengeben. Also macht er etwas, vor dem man sich entweder gruseln oder Respekt haben kann: Er nimmt ein Messer und entfernt sich kurzerhand den kleinen Finger der linken Hand. Den kleinen braucht man am seltensten, außerdem ist er Rechtshänder. Dann ruft er die Polizei.

Die beiden Beamten sind im ersten Moment auch tatsächlich entsetzt. Ein Einbruch am helllichten Tag, der Zahnarzt bedroht, die Praxis verwüstet. Und dann, obwohl der arme Doktor D. ohnehin schon widerspruchslos zugeschaut hat, ihm auch noch einen Finger abzutrennen, einfach so, als Warnung für die Zukunft, das ist schrecklich. Ludwig D. wird ins Krankenhaus gebracht und verarztet. Dort allerdings fällt den Kollegen auf, dass der Finger ziemlich … ja, ziemlich professionell abgeschnitten wurde, eigentlich schon nach allen Regeln der medizinischen Kunst amputiert. Ein sauberer Schnitt, da gibt's nichts. Die Kollegen aus der Chirurgie geben ihre Beobachtung an die Polizei weiter, schließlich muss ja ein Bericht erstellt werden.

Und in dem Moment fangen auch die beiden Polizisten an nachzudenken. Sicher, die Praxis war ziemlich übel zugerichtet, unordentlich, und ein paar Schubladen waren auch herausgerissen. Aber hat eigentlich irgendetwas gefehlt? Meldung hat Ludwig D. zumindest nicht gemacht. Die beiden Kripobeamten denken noch einmal nach, jetzt sogar noch etwas schärfer als vorher. Nein. Da stimmt etwas nicht. Es hat ganz einfach nichts gefehlt in der Praxis. Und überhaupt: Was für einen Grund hätten die Mafiosi denn gehabt, bei einem ganz normalen, mittelmäßig gut gebuchten Zahnarzt einzubrechen, der seine Praxis erst vor drei Jahren eröffnet hat? Richtig viel Geld dürfte es da nicht geben, und Zahnarztstühle braucht außer einem Zahnarzt höchstens noch ein SM-Studio, aber die beauftragen im Allgemeinen nicht die osteuropäische Mafia. Das Fazit der langen Überlegungen: versuchter Versicherungsbetrug, eine unordentliche Zahnarztpraxis und ein abgetrennter Finger. Eigentlich ein Minusgeschäft für Ludwig D.

Bei Anruf Geld

Wir leben in einer ziemlich bequemen Gesellschaft. Die immer noch bequemer wird: Wer Bücher oder Kleidung kaufen möchte, kann das übers Internet machen. Ebenso lassen sich alle Bankgeschäfte online erledigen. Und sogar das Essen wird bei Anruf nach Hause geliefert.

Was spricht da also gegen einen Raubüberfall per Telefon? Maceo Sturges aus Biloxi/Mississippi ist ein durch und durch pragmatischer Mensch. Er hat das Talent, Dinge schnell und ohne viel Arbeitsaufwand zu organisieren. Maceo arbeitet einige Stunden am Tag bei einer Fast-Food-Kette, aber hauptberuflich ist er Dieb. Und diesen Job erledigt er höchst effizient. Das Klauen von CDs, Nintendo-Spielen oder einfach nur Portemonnaies geht bei ihm ruckzuck. Das muss es auch, schließlich muss er auf den Umsatz gucken und sich auch noch um den Weiterverkauf der Ware kümmern.

Aber an diesem Morgen im Januar 2000 wacht Maceo auf, und das Erste, was ihm einfällt, als er den Schneeregen da draußen sieht, ist, dass er heute keine Lust hat, zur Arbeit zu gehen. Zur Arbeit im Diebstahl-Segment, versteht sich, die Fast-Food-Filiale ist erst am Nachmittag dran, außerdem ist er da im Warmen. Maceo dreht sich noch einmal auf die andere Seite und denkt nach. Sicher, er ist Profi in seinem Job. Aber irgendwie ist das doch ganz schön mühsam, vor allem, weil er sich dafür jetzt anziehen und vor die Tür gehen müsste. Aber es gibt bestimmt auch andere Möglichkeiten, an Geld zu kommen. Schneller und vor allem bequemer. Wenn dabei außerdem noch ein höherer Gewinn herauskäme, wäre das auch nicht so schlecht.

Ein Überfall! Das ist es.

Aber um irgendwen zu überfallen, müsste er sich jetzt ja auch anziehen und ... ach nein, das ist schon wieder viel zu viel Aufwand. Wenn er nun allerdings ... es müsste doch im Grunde möglich sein ... wenn man Klamotten und Bücher ... sicher. Das ist die Lösung!

Aber so etwas will gut geplant sein. Deshalb überlegt Maceo weiter: Wer hat denn normalerweise Geld im Überfluss? Geld, das er sowieso nicht braucht? Richtig! Das Spielcasino.

Maceo hangelt nach dem Laptop neben seinem Bett. Er googelt schnell die Telefonnummer des Casinos. Dann ruft er an.

»Hier spricht Maceo Sturges. Ich brauche 100 000 Dollar, und die etwas schnell, wenn es geht.«

Der Mann am anderen Ende scheint etwas begriffsstutzig zu sein, denn er meint, Maceo habe sich dann wohl verwählt.

»Ich bin genau an der richtigen Adresse«, erklärt Maceo geduldig. »100 000 Dollar, und die etwas schnell. Ich gebe Ihnen genau zwei Stunden, um sie mir zu liefern.« Und nein, er habe keineswegs die Absicht, im Casino vorbeizufahren. Was denn das wieder für ein erbärmlicher Servicegedanke sei. »Ich brauche die 100 000 innerhalb der nächsten zwei Stunden, klar!« Noch mal nein, vorbeizukommen stünde überhaupt nicht zur Diskussion. Und was heißt hier faulen Hintern in Bewegung setzen? »Haben Sie mal einen Blick nach draußen geworfen, guter Mann? Es schüttet.« Wenn er die 100 000 Dollar nicht bekäme? Ob er dann doch ...? Ja, verdammt, dann doch. Und zwar mit Knarre. Und das fänden dann ein paar Leute dort im Casino gar nicht mehr lustig, das könne er versichern.

Der Vollidiot – Maceo ist sich inzwischen ganz sicher, dass er es da nicht nur mit einem Begriffsstutzigen, sondern mit einem ausgemachten Vollidioten zu tun hat –, der Vollidiot am anderen Ende scheint jetzt endlich zu begreifen und lässt sich von Maceo die genaue Anschrift geben.

Wunderbar gelaufen, denkt Maceo und schaltet vom Bett aus den Fernseher ein, man muss nur manchmal etwas nachdrücklicher werden.

Eine gute halbe Stunde später klingelt es tatsächlich an der Tür. Geht doch, denkt Maceo zufrieden.

Aber dann ist er doch ein bisschen überrascht. Denn vor der Tür steht nicht etwa der Geldbote mit den bestellten 100 000 Dollar, sondern die Polizei.

Ob er Maceo Sturges sei. Ja, fein. Und ob er im Casino angerufen habe.

Und ob er das hat, erklärt Maceo.

Ob er auch angedroht hätte, mit einer Waffe dort aufzutauchen, wenn das Geld nicht pünktlich gebracht werde.

Maceo ist nicht dumm. Das mit der Waffe streitet er besser ab. Viel hilft ihm das allerdings auch nicht. Und er hat so den ungenauen Verdacht, dass die Polizisten ihm auch nicht die 100 000 Dollar mitgebracht haben. Was sich in der Tat als richtig erweist. Stattdessen bitten sie ihn, sich anzuziehen und erst mal mitzukommen. Jetzt muss er doch noch in den Regen.

Captain William Kirk, der Polizeichef von Biloxi, kommentiert den Vorfall übrigens mit den folgenden Worten: »Es erleichtert unseren Job ungemein, wenn uns die Verbrecher ihren Namen und ihre Anschrift nennen. Wir wünschen uns mehr Jobs dieser Art. Leider sind nicht alle Kriminellen so kooperativ.«

Maceo wird wegen telefonischer Belästigung zu einer Haftstrafe mit einer Kaution von 25 000 Dollar verurteilt.

Kapitel 4

Einbruch und Diebstahl

Die Geschichte von den Geldscheinen, die aus der Kasse wollten

*M*anchmal sollte man sich vorher gut überlegen, ob sich die Sache auch lohnt. Zumindest Michael P. aus Christchurch/Neuseeland wäre gut beraten gewesen, hätte er eher mehr als weniger nachgedacht. Aber Gelegenheiten kommen schnell, und zum Überlegen bleibt da oft keine Zeit.

Es ist ein wunderschöner Augusttag des Jahres 2009, als Michael beschließt, sich die neue CD von Uriah Heep zu kaufen. Und da er findet, dass man den regionalen Handel dem großen, anonymen Internetversand unbedingt vorziehen muss, geht er einkaufen. Ganz traditionell, wie das Generationen vor ihm schon gemacht haben. Mit dem Bus ins Stadtzentrum und dann zu Fuß weiter in den Laden. Vielleicht hätte er vorher anrufen sollen. Denn den Weg kann er sich sparen, wie sich herausstellt. »Tut mir leid«, erklärt ihm der Verkäufer mit einem entschuldigenden Lächeln, »die CD gehört momentan nicht zu unseren Verkaufshits, ich müsste sie bestellen.« Na gut, denkt sich Michael, dann muss er eben wiederkommen. Ob man ihn denn anrufen solle, wenn die CD da ist, fragt der Verkäufer. Genau wegen solcher Details liebt Michael den regionalen Handel. Amazon oder wie diese ganzen Internetan-

– 58 –

bieter alle heißen, würde das nie machen. Gut, die liefern einfach, wenn die Ware da ist. Aber egal, im Laden kaufen ist einfach besser. Klar könnten sie ihn anrufen, erwidert Michael, und als der Verkäufer seinen Namen ins System tippt, stellt er fest, dass Michael ohnehin zu den Stammkunden gehört. Dann wird der Verkäufer von der Kasse weggerufen. Linda, die Neue aus der Nachbarabteilung mit dem Computerzubehör, hat eine dringende Frage. Linda hat täglich zehn solcher dringender Fragen, vielleicht hätte man sie besser schulen sollen. Der Verkäufer verzieht das Gesicht und erklärt Michael, er sei gleich zurück. Dann würde er die Bestellung abschließen. Vielleicht war es wegen Lindas ewiger Drängelei, zumindest steht die Kasse jetzt offen. Darin mehrere 10- und 20-Dollar-Scheine. Sehr verlockend. »Nimm uns mit«, scheinen sie zu rufen wie damals die Äpfel im Garten der Frau Holle, »wir wollen hier raus.« Da nimmt Michael sie mit. Und verlässt den Laden. Sicherheitshalber. Es könnte ja sein, dass der Verkäufer das mit den Scheinen und der Bitte nicht ganz so beurteilt wie Michael.

Dumm ist nur, dass die Videokamera den kleinen Zwischenfall aufgezeichnet hat. Und dass Michaels Daten noch immer auf dem Monitor des Computers aufscheinen, dem Computer direkt bei der Kasse. Und dumm auch, dass die Polizei die Geschichte mit den sprechenden Geldscheinen nicht so richtig glauben will.

Angeschmiert

Eine Maske ist eine feine Sache für Einbrecher. Das Prinzip ist einfach: Vorher sieht man aus wie immer, beim Bruch dann anders und danach wieder wie immer. Dieses »danach« ist nicht zu unterschätzen.

Sehen wir uns an, wie man es nicht machen sollte: Wir befinden uns im schönen Carroll/Iowa im Jahr 2009. Unsere Helden sind der 20-jährige Steven Harris und der 23-jährige Gregory Cain. Die beiden haben einen Tipp bekommen: In einer wohlhabenden Gegend stehe ein Häuschen seit Monaten leer, und der Bewohner, ein älterer Herr, komme auch erst in einem Monat von einer Reise zurück. Die Nachbarschaftswache im Viertel sei zwar ziemlich aktiv, aber das sei ja kein Problem, wenn Steven und Gregory sich unkenntlich machen.

Fehlt also nur noch die passende Maske.

Steven ist ein Fan von Barack Obama. »Alter, wir nehmen einfach diese Gummimasken von Barack und Michelle, und wenn uns einer beobachtet, dann denkt der, die waren's.«

Gregory schlägt sich vor die Stirn. »Ja, klar, und dann schicken die eine Streife zum Weißen Haus und nehmen die beiden fest, oder was? Wie doof bist du eigentlich? Außerdem ist das total unkreativ.« Gregory wollte nämlich mal auf die Kunsthochschule. »Wir bemalen uns die Gesichter ganz individuell. So erkennt uns keiner, und ästhetisch ist es auch.«

Gesagt, getan. Gregory leistet ganze Arbeit. Er pinselt Steven und sich falsche Bärte und Kriegsbemalungen, die er sich von den Creek-Indianern abgeschaut hat.

Steven ist begeistert. »So erkennen die uns nie, Alter!«

Das ist richtig. Und der Tipp mit dem verwaisten Haus

stimmt auch. Steven und Gregory brechen in aller Seelenruhe ein und nehmen mit, was sie tragen können. Niemand stört sie. Einzig der wachsame Nachbar Darren beobachtet die beiden genau und ruft die Polizei. Die Personenbeschreibung ist eindeutig: »Das waren zwei junge Burschen mit auffälliger Indianerbemalung.«

Derweil sitzen Steven und Gregory wieder im Auto und wollen die Beute in Sicherheit bringen. Steven wischt sich übers Gesicht, um die Kriegsbemalung loszuwerden, aber nichts passiert. »Alter, ich krieg das Zeug nicht mehr ab!«

Gregory seufzt vor so viel Kunstbanausentum. »Meinst du etwa, ich gebe mir die ganze Mühe, damit das Kunstwerk gleich wieder verschwindet? Ich hab wasserfeste Stifte genommen.«

»Du Idiot!«

»Spießer!«

»Selber Spießer!«

»Ignorant!«

Sie kommen nicht dazu, sich weiter zu streiten. Eine Polizeikontrolle am Straßenrand winkt sie raus. Der Officer ist sehr nett. Er hat gerade über Funk die Nachricht von den bemalten Einbrechern erhalten und macht Steven und Gregory erst einmal Komplimente für ihre originelle Bemalung. Er lässt sie auch nicht die Hände aufs Wagendach legen und die Beine spreizen, und er zückt auch nicht seine Dienstwaffe. Schließlich ist er nicht Kojak. Er bittet die beiden nur ganz freundlich, den Kofferraum zu öffnen, wo er das Diebesgut findet. »Zentrale, ich habe die beiden Spaßvögel«, gibt er durch. Steven und Gregory fühlen sich nicht ernst genommen, aber dafür wird der Strafrichter sie sehr ernst nehmen.

– 61 –

Es geht auch ohne Phantombild

Haben Sie schon einmal darüber nachgedacht, wie genau Sie Menschen beschreiben können? Wenn Sie eine Frau sind, können Sie das vielleicht sogar einigermaßen gut. Beschreibungen von Männern klingen in etwa so: »Der hatte Arme, Beine und eine Jeans an.« Jeder, der ein Phantombild zeichnen muss, ist restlos begeistert über eine derart präzise Personenbeschreibung.

»Gut. Arme, Beine, Jeans. Und das Alter?«

»Äh, ja, so um die dreißig. Könnte aber auch schon vierzig gewesen sein.«

»Gut, halten wir fest: zwischen dreißig und vierzig. Und die Größe?«

»Größer als ich war er schon. Aber wie groß genau ...?«

»Irgendwelche Auffälligkeiten? Gebrochene Nase? Spitzes Kinn? Buschige Augenbrauen?«

»So genau hab ich mir den nicht angesehen. Und überhaupt, ich kann keine Leute beschreiben.«

»Ach so.«

Derartige Beschreibungen erleichtern die Fahndung ungemein. Aber manchmal hat man auch Glück. Das liegt dann aber seltener an der Präzision der Beschreibung als an den Auffälligkeiten des Gesuchten. Der Mann etwa, der im Januar des Jahres 1997 im irischen Cookstown Turnschuhe, Socken und Boxershorts aus einem Laden mitnimmt und sich dann schleunigst von dannen macht, ist der Beschreibung des Verkäufers zufolge »riesig«. Und zwar wirklich riesig. Genau: 2,26 Meter groß und damit der größte Mann Irlands. So schwer ist der tatsächlich nicht zu finden, die Polizei verzichtet bei der Festnahme sogar auf eine Gegenüberstellung.

Es handelt sich um Berry G., damals 32 Jahre alt und restlos pleite. Deshalb ja auch der Diebstahl.

Der Prozess dürfte für ihn auch nicht so besonders unterhaltsam gewesen sein, schon deshalb nicht, weil er während der gesamten Prozessdauer stehen musste – er war einfach zu groß für die Anklagebank.

Aber Berry war bis zu jenem Tag in dem Sportbekleidungsgeschäft noch nie kriminell geworden und seine – übrigens nur 1,67 Meter große – Freundin erwartete gerade ihr erstes Kind von ihm. Außerdem kann er einem wirklich ein bisschen leidtun, wie er da die ganze Zeit stehen musste. Er erhielt eine Bewährungsstrafe von sechs Monaten.

Durstig

Es ist ein heißer Tag in Arkansas. Verdammt heiß. Höllisch heiß. So heiß, dass sich der Asphalt verflüssigt. Jason sitzt vor seinem Fernseher und schaut einen Werbespot, in dem eine braungebrannte Badenixe ein eiskaltes Bier trinkt. Jason wird beinahe verrückt vor Verlangen. Nicht nach der Badenixe, sondern dem Bier. Verdammte Hacke! 27 Zusatzartikel hat die beknackte amerikanische Verfassung, mit Nebensächlichkeiten wie Religions-, Presse- und Versammlungsfreiheit, Recht auf Petitionen, Frauenwahlrecht ... aber nirgendwo das Recht auf ein kühles Bier!

In der Wohnung macht es »rums«. Die Klimaanlage war schon vorher defekt, aber jetzt ist sie ganz hinüber. Es reicht. Dies ist ein Fall, in dem ein Mann ein Mann sein muss. Was würde Bruce Willis jetzt tun? Der würde nicht lange fackeln und sich sein Bier einfach holen. Weil es ihm zusteht, verdammt! Auch wenn er kein Geld hätte, so wie Jason. Es ist gar nicht einzusehen, für ein kühles Bier, auf das man längst ein verfassungsmäßiges Recht haben sollte, überhaupt zu zahlen.

So nimm denn, Unglück, deinen Lauf. Gestehen wir Jason zu, dass es draußen über vierzig Grad sind. Da weichen schon mal ein paar Gehirnzellen auf. Um die Ecke liegt jedenfalls ein Getränkemarkt. Die haben Kühlschränke, und darin liegt eiskaltes Bier. Der Laden hat aber gerade geschlossen. Das hält einen Willis-Stallone-Schwarzenegger aber selbstredend nicht auf. Jason blickt sich um und erspäht einen Pflasterstein, der geradezu auf einen freien Mann wie ihn wartet.

Jason spürt, wie der Hauch seiner Pionier-Vorfahren ihn umweht, als er den Stein aufhebt. Der ist zwar glühend heiß, aber lange wird Jason ihn nicht in der Hand halten. Stolz hebt er das Geschoss über seinen Kopf und brüllt: »Für Thomas Jefferson, Abraham Lincoln und Theodore Roosevelt!«, als er den Pflasterstein mit voller Wucht gegen die Scheibe donnert.

Leider ist die aus Plexiglas.

Der Steinwurf juckt die Scheibe demzufolge kein bisschen. Das Geschoss prallt ab und trifft Jason an der Stirn, der k.o. zu Boden geht. Bewusstlos liegt der Arme jetzt da. Wer den Schaden hat, braucht für den Spott nicht zu sorgen – die Polizei braucht ihn nur vom Tatort zu pflücken, schaut sich der guten Ordnung halber aber später noch die Aufnahme der Überwachungskamera an, und zwar während Jasons Vernehmung. Das gesamte Revier prustet lauthals los. »Mann, ist der dämlich«, soll noch einer der harmloseren Kommentare gewesen sein.

Verschätzt

Wäre Simon T. eine Frau gewesen, wäre ihm das garantiert nicht passiert. Denn Frauen haben bekanntermaßen ein kritisches, um nicht zu sagen ein neurotisches Verhältnis zu ihrer Figur. Ob die Waage beste Freundin oder ärgste Feindin ist, ändert sich täglich, je nach Resultat, das sie anzeigt. Und selbst wenn Gewicht, Größe und Alter einen geradezu idealen Body-Mass-Index ergeben, heißt das noch nicht viel. Denn dann gibt es immer noch genügend Spiegel, die einer einigermaßen selbstkritischen Frau immer wieder eins sagen: »Du. Bist. Zu. Dick.«

Aber Simon T. (36) aus London ist keine Frau. Er ist auch nicht dick. Aber ein Besenstiel ist er auch nicht. Er ist ein durchschnittlich schlanker Mann mit einem unterdurchschnittlichen Gespür für Proportionen. Anders ist es einfach nicht zu erklären, dass er glaubt, er würde spielend durch ein 20 mal 30 Zentimeter großes Küchenfenster passen.

Gut, rechnen wir Simon an, dass es zum Zeitpunkt seines geplanten Einbruchs in das Haus von Susan und Paul Winter tiefe Nacht ist. 2 Uhr morgens ganz genau. Simon, seines Zeichens routinierter Einbrecher mit jahrelanger Berufserfahrung, weiß schon, warum er sich genau dieses Fenster ausgesucht hat: keine Straßenlaterne in der Nähe, eine riesige Hecke auf der Grenze zum nächsten Grundstück, und der Mond scheint heute Nacht auch nicht.

Simon macht also, was Einbrecher machen. Er entriegelt mit geübtem Griff das Fenster, er öffnet es leise. Er klettert ... nein, eben nicht ins Haus.

Er bleibt stecken.

Seine Beine und sein Hintern hängen draußen, der Oberkörper drinnen. Alles Ruckeln hilft nichts, er kann sich keinen Zentimeter mehr vor oder zurück bewegen.

Was jetzt? Er könnte rufen, vielleicht schlafen Susan und Paul ja oben. Aber doof wäre das schon, was soll er ihnen erzählen? »Ich habe da drinnen so ein eigenartiges Geräusch gehört, und da wollte ich mal nachschauen, was ...« Geht nicht. Wie wäre es mit: »Ich bin Fenstertester. Eigentlich wollte ich Ihr Fenster auf Einbruchssicherheit testen, aber dann hat das drinnen so toll nach frischem Kuchen gerochen ...« Geht auch nicht. Simon denkt. Und denkt. Und weil er in der Nacht sowieso nichts anderes mehr machen kann als zu denken, wird das mit Abstand die intellektuellste Nacht seines bisherigen Lebens. Aber das Denken gehört nicht zu Simons Kernkompetenzen, und so ist auch diese Nacht objektiv betrachtet nicht allzu geistreich. Sechs Stunden geht das so. Denken. Kein Ergebnis. Noch mehr denken. Immer noch kein Ergebnis.

Bis am Morgen Susan und Paul aufstehen und Paul sich einen Kaffee aufsetzen möchte. Da findet er Simon. »Morgen«, sagt Paul, »auch einen Kaffee?« Aber Simon ist gerade nicht so nach Kaffee. »Später vielleicht«, gibt er zurück. »Jetzt würde ich gerne erst mal hier rauskommen.« Aber Paul findet, das habe keine Eile. Erst mal trinkt er in aller Ruhe seinen Kaffee am Küchentisch und wirft einen Blick in die Zeitung. Vielleicht fragt er im Anschluss den Mann im Fenster, was er so vorhatte, mitten in der Nacht.

Während Paul am Küchentisch sitzt und das Weltgeschehen verfolgt, duscht Susan. Und draußen vor dem Fenster sammelt sich eine kleine Fangemeinde. Sie diskutieren, was jetzt am besten zu tun sei. »Ich bin für steckenlassen«, meint Andrew drei Häuser weiter. »Wer so doof ist, hat es nicht anders verdient.« Aber Anita wirft ein, das sei medizinisch nicht zu vertreten. »Er kann sich Abschürfungen holen. Oder sonst was.« Anita ist Krankenschwester. Brenda bietet an, ihm eine Decke um die Beine zu legen. »Er muss doch frieren, wenn er da schon die ganze Nacht hängt.« Doch die Decke wird von der Mehrheit abgelehnt.

Inzwischen ist Paul mit der Zeitung durch und ruft die Polizei. Die kommt, begleitet von einem Geschwader an Feuerwehrleuten. Zehn sind nötig, um Simon zu befreien. Dazu müssen sie den Fensterrahmen herausschneiden. Nötig wäre das nicht gewesen, denn Norbert, der Chirurg vom Ende der Straße, hatte angeboten, stattdessen Simon herauszuschneiden, ohne den Rahmen zu beschädigen. Aber die Polizei will Simon lieber als Ganzes und nicht in Stücken bekommen, auch wenn das eine halbe Stunde dauert.

Ja, is' denn heut scho' Weihnachten?

Glauben Ihre Kinder an das Christkind oder den Weihnachtsmann? Der amerikanische Santa Claus, das Pendant zum dicken Mann mit Rauschebart, kommt alljährlich durch den Schornstein, in der Nacht vom 24. auf den 25. Dezember. Wie Santa das so schnell macht, ist sein Betriebsgeheimnis, und wie er durch die engen Schächte gelangt, ebenfalls.

Diese Geschichte handelt von Jack Spinoza aus Atlanta/ Georgia, 17 Lenze jung, aber schon ein ganz schöner Kaventsmann, womit sich bereits die Pointe andeutet. Jack überlegt sich im Jahr 2011, Santa Claus Konkurrenz zu machen, aber mit zwei wesentlichen Unterschieden: Erstens will er schon am 14. November durch den Kamin, und zweitens will er nichts bringen, sondern etwas mitnehmen, sprich klauen.

Immerhin sucht Jack sich eine original santaclausige Uhrzeit aus: Nachts um 3 Uhr steigt er aufs Dach von Tsehainesh Kidane, einer Dame um die 40, die gerade verreist ist, wie Jack weiß. Also hat er alle Zeit der Welt, um das Haus zu plündern. Jack gleitet geschmeidig in den Schornstein wie ein Aal in eine Reuse. Als er schon bis zu den Schultern drin ist, bleibt er stecken. Dumm gelaufen. Es geht weder vor noch zurück. Jack zieht, drückt, strampelt und stößt – aber da ist absolut nichts zu machen. Er kommt nicht raus aus der Zwangslage.

Es werden zehn sehr lange Stunden für ihn. Der Arme kann ja nicht einmal auf die Uhr sehen! Was soll er denn sagen, wenn er gefunden wird? Aber egal – er muss raus hier. Dazu bleibt ihm nur eins: »Hilfe!« Jack ruft oft, sehr oft, über die Dächer von Atlanta. Aber niemand scheint ihn zu hören. In ihm macht sich Panik breit. Frau Kidane kehrt erst in fünf Tagen zurück. Bis dahin ist er doch Taubenfutter. Also wieder und wieder: »HILFE!«

Gegen 13 Uhr vernimmt Frau Kidanes Nachbarin Edyn Espinoza die klagenden Rufe. Sie ist zum Blumen gießen im Haus und nähert sich nun vorsichtig dem Kamin. Unterhalten kann sie sich nur mit zwei Schuhen, die sie oben im Schacht erspäht.

Sie stellt die naheliegende Frage: »Was machen Sie denn da?«

Jack hasst doofe Fragen. »Ich suche Pilze.«

»Aber hier gibt es keine Pilze im Schornstein.«

»Das weiß ich selbst, du doofe Pute! Ich stecke fest.«

»Und wie sind Sie da reingekommen?«

»Mann, hol mich hier raus! Ich habe eben schon eine Ratte auf dem Dach krabbeln sehen.«

»Soll ich mal mit dem Besen drücken?«

»Nein! Ruf die Feuerwehr, Mann!«

Frau Espinoza tut, wie ihr geheißen.

Der Feuerwehrmann stellt die verhasste Frage erneut: »Wie sind Sie denn da reingekommen?«

Jack beginnt zu schluchzen. »Ich wollte in die Wohnung einbrechen. Macht mir den Prozess, verurteilt mich, werft mich in den Kerker, aber bitte holt mich endlich hier raus!«

»Wenn Sie in die Wohnung einbrechen wollten, warum haben Sie dann nicht die Tür genommen? Sie sind aber schon ziemlich blöd, oder?«

Jack möchte das jetzt nicht ausdiskutieren. Die Feuerwehr befreit ihn schnell mit einem Seil. Als er wieder auf Straßenniveau steht, kann er sich von einem anderen Nachbarn erneut seine Lieblingsfrage anhören:

»Was zum Geier haben Sie denn im Kamin gemacht?«

Jack kapituliert. »Ich bin dumm.«

»Ach so.«

Der Richter findet das auch. Jack kommt zwar nicht in den Kerker, aber ins Bezirksgefängnis. Immerhin aber noch besser, als im Schornstein von Ratten angefressen zu werden.

Eis für die Stadt

Man kann ja wirklich eine Menge klauen: Schuhe, Geld, Schmuck, Geschirr. Man kann auch Lebensmittel stehlen und sie dann weiterverkaufen, Trüffel etwa. Und man kann Eis klauen. Gletschereis. Kann man machen, sicher. Nur warum?

Und warum fünf Tonnen? Genau so viel findet die Polizei von Cochrane in Chile nämlich im Sommer 2012 auf dem LKW eines Mannes. Wo er denn das viele Eis her habe, fragen ihn die überraschten Beamten.

»Rausgeschlagen aus dem Jorge-Montt-Gletscher«, erklärt der Ertappte ohne einen Funken Schuldgefühl, dafür aber offenbar ausnehmend stolz auf die erbrachte Leistung, »zusammen mit ein paar Kumpels. Das war vielleicht eine Arbeit, kann ich Ihnen sagen ...«

Aber für die Kraftanstrengung der Eisdiebe interessieren sich die Polizisten weniger. »Sie wissen schon, dass der Gletscher dort in einem Wahnsinnstempo schmilzt?«, erkundigen sie sich stattdessen.

Nee, das habe er nicht gewusst. Aber sei das nicht auch völlig egal?

»Nicht wirklich«, erklären die Polizisten, »schon mal von der Erderwärmung gehört? Wir brauchen unsere Gletscher, stellen Sie sich mal vor, jeder würde sich da einfach fünf Tonnen von wegnehmen.« Aber das stellt sich der Ertappte nicht vor. Und dann wäre da noch eine weitere Frage, nämlich: »Warum zum Geier klauen Sie Gletschereis? Was soll denn damit jetzt passieren?«

»Ja ... äh ...« Der Mund des Eisdiebes schließt sich. Und er bleibt auch während der nächsten halben Stunde und während der Gerichtsverhandlung etliche Monate später verschlossen, wann immer die Frage erneut auftaucht: »Was zum Geier wollten Sie mit fünf Tonnen Gletschereis?« Nicht mal mehr ein »Ja ... ähm ...« bekommt der Richter zu hören. Gar nichts. Und so bleibt dem Gericht nichts anderes übrig, als Vermutungen anzustellen. Denen wir uns mangels der Fähigkeit, die Gedanken eines Gletschereisdiebes lesen zu können, anschließen müssen: Möglicherweise sollten daraus Eiswürfel hergestellt werden, die dann bei Partys der Society von Santiago für viel Geld zu »Original-Gletscher-Eis«-Cocktails hätten verarbeitet werden sollen. Das hätte dann immerhin umgerechnet 4700 Euro eingebracht. Vielleicht. Vielleicht hielten es die Eisdiebe auch nur für eine Superidee, Eis durch die Straßen zu fahren, das dann ganz langsam vor sich hin schmilzt. Der »Gletscher für die Stadt« sozusagen. Wir wissen es nicht genau. Die Anklage lautete übrigens nicht nur auf Diebstahl, sondern auch auf Beschädigung des chilenischen Kulturerbes.

So passt der Schuh

Dorothy Bloomsworthy aus Exeter in England ist verliebt. Sie schließt abends ihr Schuhgeschäft ab und macht sich auf zum Rendezvous mit ihrem Verehrer Donald. Die Schmetterlinge in ihrem Bauch lassen sie vergessen, dass vor dem Laden noch ein Regal mit Schuhen steht. Später fällt ihr das zwar ein, aber sie sagt sich: Ist nicht schlimm, sind ja nur rechte Schuhe, Schneestiefel für Kinder und Damenschuhe. Was soll jemand mit einem rechten Schuh ohne den linken? Die klaut schon keiner.

Die Welt ist böse, Dorothy. Menschen stehlen auch Dinge, die sie nicht brauchen, und zwar einfach nur so. Weil sie eben gerade da sind. Jedenfalls sind die Schuhe am nächsten Morgen weg. Alle. Samt Regal. Was für Dorothy bedeutet, dass ihre zugehörigen linken jetzt auch wertlos sind. Außer vielleicht für Einbeinige. Die Polizei von Exeter versucht es mit einem Aufruf an unbekannt: »Der Gelegenheitsdieb hat wahrscheinlich gar nicht gemerkt, dass die Schuhe nicht paarweise dort standen. Da sie so niemand gebrauchen kann, bitten wir den Dieb, die Schuhe zurückzubringen.«

Ein vernünftiger Appell, der aber leider keine Wirkung zeigt. Vielleicht hatte der Dieb einfach Bock auf eine irrationale Straftat.

Oder aber der Fall lag ganz anders. Um diese Möglichkeit zu verstehen, müssen wir in die Verkaufspraxis des internationalen Schuhhandels eintauchen. Es gibt keine Regel, welche Schuhe ausgestellt werden. Manche Läden stellen den rechten Schuh ins Regal, andere den linken. Nach Lust und Laune. Quasi anarchistisch. Wenn man aber zwei Läden einer Kette auskundschaftet und erkennt, dass der eine ein Linker-Schuh-Ausstell-Laden und der andere ein Rechter-Schuh-Ausstell-Laden ist, dann ergeben sich interessante Optionen für den kreativen Kriminellen. Und daraus entstehen sogar internationale Kooperationen, was ja grundsätzlich im Rahmen von Völkerverständigung zu begrüßen ist.

Im Januar 2010 berichtet der englische *The Telegraph* von einem ausgefeilten, grenzübergreifenden Schuhdiebstahl, bei dem gezielt nur linke oder rechte Schuhe entwendet werden. Exemplarisch nennt die Zeitung das schwedische Malmö, das über eine Brücke mit dem dänischen Kopenhagen verbunden ist. Die schwedischen Schuhhändler wundern sich immer wieder darüber, dass aus ihren Regalen einzelne linke Designer-Schuhe verschwinden. Wer braucht einen einzelnen linken Schuh? Des Rätsels Lösung: In Kopenhagen verschwinden die entsprechenden rechten Schuhe. Ganz schön aufwendig. Aber wenn's der Völkerfreundschaft dient …

Ich habe die Hosen voll

Es gibt dicke Männer. In Amerika sogar ziemlich dicke. Und diese Männer brauchen Hosen. Hosen mit großen Hosenbeinen. Das weiß David Miller (21) aus Minneapolis. Er ist eigentlich gar nicht mal so dick, eher ein bisschen füllig.

Aber genau das ist seine Chance. Er geht also in eines dieser Geschäfte für Übergrößen und bittet um die größte Hose und das größte T-Shirt.

Die Verkäuferin schaut ihn an und meint dann, er könne aber genauso gut in dem Bekleidungsladen da vorne rechts um die Ecke ...

»Es ist für jemand anderen«, erklärt David und lächelt verschwörerisch. »Meinem Freund James ist das immer so peinlich, wissen Sie. Ist doch auch schwierig, die Verkäufer gucken immer so doof, wenn er ...«

»Alles klar«, erwidert die Verkäuferin. Aber wenn James nicht persönlich vorbeikäme, könne sie natürlich nicht garantieren, dass ihm die Sachen auch passten. Aber das könne er, beruhigt David sie. Eine Viertelstunde später geht er hochzufrieden mit einem T-Shirt im Getreidesackformat und einer Hose aus dem Laden, in die er dreimal passen würde.

Und genau darum geht es ja. Nicht um ihn natürlich. Aber um diesen großartigen neuen Fernseher mit Flachbildschirm. 48,3 Zentimeter Bilddiagonale. Und um den in Betrieb nehmen zu können, braucht David außerdem die Fernbedienung und ein paar Kabel.

Er staffiert also zunächst mal seinen Oberkörper aus. Dazu hat er sich einen wunderschönen Schaumstoffbauch formen lassen. Er brauche den für seine neueste Theaterrolle, hatte er zuvor dem Mann im Laden für Kostümbedarf erklärt. Er sei nämlich Laiendarsteller in einer der besten Truppen des Landes.

Oben herum wirkt er jetzt nicht mehr nur etwas füllig. Und unten in Kürze auch nicht mehr. Dafür sorgen Flachbildfernseher, Bedienungsanleitungen, Kabel und, weil noch ein bisschen Platz ist, auch noch eine Brennflüssigkeit. So beladen verlässt der jetzt ausgesprochen dicke David das Geschäft.

Die Sache läuft richtig gut. Aber irgendwas muss einem ja immer dazwischenkommen. Irgendwas ist immer. Das hatte ihm schon seine Oma gesagt. »Pass auf, David, wenn es richtig gut läuft, kommt dir garantiert etwas dazwischen.«

In Davids Fall ist es eine blöde kleine Tüte Bonbons. Sie fällt ihm zufällig aus der Hosentasche. Das wäre nicht so schlimm gewesen. Wenn nicht auch noch Andrew Rapp da gewesen wäre, der ihm hinterherruft: »Sie haben da was verloren!« Aber David kann mit dem Fernseher und dem Zubehör in der Hose nicht gut stehenbleiben. Langsam wird das Zeug nämlich auch schwer. Also geht er weiter. Aber Andrew, der, was David nicht weiß, Polizist ist, findet, dass David etwas eigenartig geht. So ein bisschen steif und verkrampft. Und überhaupt, seit wann hat jemand Beine mit Kanten? Jetzt klingt er nicht mehr höflich, sondern hat in den Befehlston gewechselt. Davor hatte David schon immer Respekt, seit Onkel Herbert ihn als Kind immer herumkommandiert hat. Das ist wie ein Reflex. Befehl. Stehenbleiben. Machen, was Onkel Herbert sagt. Und Onkel Herbert alias Andrew Rapp sagt in diesem Fall: »Hose ausziehen!« David zieht seine Hose aus. Ein bisschen peinlich ist ihm das schon, mitten in der Einkaufszone, aber er gehorcht. Und irgendwie ist er dann ja auch ein bisschen stolz. Denn Andrew Rapp staunt nicht schlecht, als er entdeckt, was man so alles auf einmal klauen kann.

»Haben Sie das ganz alleine geschafft ...?«, fragt er.

»Ja!« David nickt stolz. »Soll ich Ihnen erzählen, wie das geht?«

»Klar«, erwidert Andrew, »ich rufe nur eben noch zwei Kollegen an. Die finden die Geschichte sicher auch total spannend.«

»Gut«, sagt David, »dann warten wir noch, bis die da sind.«

Pack den Tiger in den Tank

Der Wagen säuft ab. Mist. Harold Percy aus Jenkins/Kentucky dreht den Zündschlüssel. Nichts. Kein Geräusch. Er steigt aus. Öffnet die Motorhaube. »Das müssen die Zündkerzen sein«, ruft er fachmännisch seiner Freundin Lea Frye zu, die auf dem Beifahrersitz hockt.

»Kann sein«, erwidert sie. »Oder der Sprit ist alle.«

Frauen und Autos! Das hat noch nie zusammengepasst. Wie kann es denn das Benzin sein? Harold hat doch gerade eben noch – ups! Gut, es ist doch der Sprit. Da muss er seine Lea jetzt ein bisschen beeindrucken. Die ist schließlich Friseuse und kann ganz viele haben, wenn sie will. Harold muss ihr zeigen, was für ein Kerl er ist.

Während Harold überlegt, stichelt Lea: »Hier ist auch nirgendwo eine Tankstelle in der Nähe. Also, dem Eric wäre das sicher nie passiert.«

Jetzt reicht's. Eric ist Harolds schärfster Nebenbuhler, und Lea nutzt das nun aus, die blöde Tussi. Dann jedoch kommt Harold die rettende Idee. Gestern Abend hat er mit

– 75 –

Lea »Bonnie und Clyde« gesehen. Das ist die Lösung! Lea hat Warren Beatty ohnehin die ganze Zeit angeschmachtet, da soll sie sich jetzt an seiner Seite mal fühlen wie Faye Dunaway.

Harold stemmt lässig die Hände in die Seiten. »Dann zapfen wir eben woanders Sprit ab.«

Lea zickt immer noch rum. »Und wo, du Halbstarker? Bei dem Polizeiwagen dahinten?«

Genau. Das ist genial. Die Bullenschleuder parkt vor einem Diner, und den Cops ihr Benzin abzuzapfen ist ja wohl megacool. So was würde Eric niemals bringen. Zeit für Harolds John-Wayne-Gang. In Cowboy-Manier schreitet er auf den Wagen zu, auf dem, das sei nochmals betont, in großer Schrift das Wort »Police« prangt.

Das traut der sich eh nicht, denkt sich Lea und zieht den Lippenstift nach. Dann sieht sie jedoch, dass Harold den Reservekanister mitschleppt und den Tankdeckel des Polizeiautos öffnet. »Mann, ist das cool!«, jauchzt sie, zückt ihr Handy und stürmt Harold nach. »Zieh ihn noch nicht raus, Harold, ich mache noch ein paar Fotos.« Spricht es und knipst ihn, wie sein Ding, äh, Benzinschlauch im polizeilichen Tank steckt. »Du bist der Größte, Harold. Das hätte Eric sich nie getraut. Die Bilder müssen auf Facebook.«

Genau. Das meint Harold auch. Damit das vor allem auch der bescheuerte Eric sieht. Mit dem abgezapften Sprit fahren sie nach Hause. Dort laden sie das schönste Foto hoch: Harold, wie er mit der einen Hand das Benzin absaugt und lässig den Mittelfinger der anderen Hand in die Kamera streckt.

Das Bild wird ein Hit. Bestimmt bekommt es auch Eric mit. Es wird geliked und weitergepostet – und fällt so auch einem Polizisten aus Jenkins auf, der Harold gleich mal einen

– 76 –

Besuch abstattet. Der möchte sich jetzt damit herausreden, das Foto sei nur ein dummer Scherz gewesen. Und auch Lea ist nicht auf den Mund gefallen. »Wenn wir Benzin klauen würden, dann würden wir es doch nicht auf Facebook posten. Ähm – ich meine, wir klauen natürlich sowieso nicht, aber es tut uns leid.«

Dummerweise erzählt Harold kurze Zeit später im Lokalradio, dass er das Benzin sehr wohl abgeschöpft habe und ihm das auch kein bisschen leidtue. Tilt! Jetzt kann keine Polizei mit ein wenig Selbstachtung Harold noch frei herumlaufen lassen. Er verbringt zur Abschreckung eine Nacht im Knast. »Wer sogar die Polizei bestiehlt, der bestiehlt auch andere«, teilt der Polizeisprecher mit.

Hilfe beim Putzen

Wer putzt eigentlich gerne? Vermutlich niemand. Elly Farmer und ihr Mann Jack sind da keine Ausnahme. Insofern könnten die beiden eigentlich froh sein, dass ihr Haus mal so richtig gründlich gereinigt wurde. Und das auch noch, während sie am Wochenende Freunde besucht haben. Aber Elly und Jack sind nicht glücklich. Sie sind eher überrascht.

Szenenwechsel: Pamela Miller aus Ohio, 52 Jahre alt, ist Putzfrau aus Leidenschaft. Mit der Begeisterung einer Detektivin spürt sie noch den allerletzten Krümel Staub in der hintersten Ecke unterm Schrank auf. Deshalb hat sie das Putzen auch zu ihrem Beruf gemacht. Aber die Auftragslage ist schlecht im Moment. Pamela versteht das gar nicht, jeder ist doch froh, wenn ihm ein anderer das Putzen abnimmt. Vielleicht liegt es an der schlechten Wirtschaftslage, vielleicht

– 77 –

daran, dass gerade Ferien sind, vielleicht auch an ihren nicht ganz so moderaten Preisen. Zumindest hat schon seit Wochen niemand mehr ihre Dienste gebucht.

Gut, denkt sich Pamela, wenn die Auftraggeber nicht zu mir kommen, dann komme ich eben zu ihnen. An einem schönen, sonnigen Samstagvormittag des Jahres 2012 macht sie sich also auf den Weg. Sie kommt an einer Menge Häuser vorbei. Menschen sitzen auf ihren Terrassen und trinken Kaffee, Kinder streiten sich. Und die Häuser sind zu klein. Da wäre fast nichts zu machen. Aber dann erblickt sie ein richtiges Haus, eine Villa, nicht so eine kleine Schuhschachtel. Und niemand sitzt auf der Terrasse. Kein Kind zetert im Garten. Niemand daheim. Das ist ihr Haus. Hier wird sie saubermachen. Ins Haus zu kommen ist keine große Kunst. Pamela hatte mal eine kurze Affäre mit Joe, und der hat sich gelegentlich etwas Geld dazuverdient, indem er die Häuser anderer Menschen auf liegengebliebene 100-Dollar-Scheine untersucht hat. Und da er die Leute nicht jedes Mal um Erlaubnis fragen konnte – die meisten von ihnen waren auch gerade nicht zu Hause –, hat er seinen Dietrich zu Hilfe genommen. Von Joe also hat Pamela gelernt, wie man in Häuser kommt, die theoretisch verschlossen wären.

Wie jede Putzfrau aus Leidenschaft ist auch Pamela perfekt organisiert. Glasputztücher, Staubtücher, Holzputzmittel, alles hat sie dabei. Nur den Wischeimer muss sie sich bei Elly und Jack leihen, aber das werden die beiden sicher verstehen.

Schon beim Betreten des Hauses sieht Pamela, dass hier Menschen wohnen, die ihre Leidenschaft fürs Putzen nicht teilen. Die vielen durcheinandergeworfenen Kinderschuhe sagen ihr außerdem, dass hier ein halber Kindergarten wohnen muss. Das ist sehr gut. Kinder machen jede Menge Schmutz.

Pamela fängt also im Erdgeschoss an. Da ist richtig viel zu tun. Nach vier Stunden legt sie eine kleine Pause ein und kocht sich erst mal einen Kaffee. Zufrieden schaut sie sich um. Ihr ist kein noch so kleiner Fussel entkommen, auf Tischen und Ablagen nicht ein einziger Schmierstreifen von Kinderfingern. Sogar in den Schränken hat sie gewischt und dabei auch gleich noch die Ränder aus den Teetassen entfernt. Hier unten kann man jetzt erst mal wieder eine Weile wohnen. Für den ersten und zweiten Stock braucht Pamela insgesamt fünf Stunden. Es ist aber auch unvorstellbar, was manche Menschen für einen Müll machen. Und wie lange die ihre Bäder nicht putzen!

Neun Stunden Arbeit, so ganz billig kommt das die Farmers nicht. Aber dafür haben sie jetzt auch ein schön sauberes Haus. Da können sie erst mal wieder ein paar Wochen alles einsauen.

Pamela nimmt sich eine Serviette aus dem Schrank und schreibt eine Rechnung. 100 Dollar schulden die Farmers ihr jetzt, was bei der Unordnung allein schon in den Kinderzimmern ein absoluter Freundschaftspreis ist. Pamela notiert ihre Adresse, Telefon- und vor allem Kontonummer und bittet darum, das Geld innerhalb der nächsten 14 Tage zu überweisen. So hat sie das schon immer gehandhabt. Dann geht sie.

Was jetzt passiert, fällt in die Rubrik »Undank«. Denn drei Tage später stehen nicht etwa die überaus zufriedenen Farmers bei ihr vor der Tür und fragen sie, ob sie von nun an nicht regelmäßig zu ihnen kommen möchte, sondern – zwei Polizisten.

»Ja«, erklärt sie freundlich, »das mit dem Putzen war ich. Haben Sie gesehen, wie das dort jetzt blitzt? Das hat aber auch eine Menge ...« Wieso Einbruchsdiebstahl? Sie hätte nicht die kleinste Dollarnote mitgenommen. Kein Besteck, kein Schmuck, gar nichts. Sie hätte ge-putzt! Sauber-ge-macht. Weil das dringend nötig gewesen wäre und weil ... ja ... weil momentan einfach niemand bei ihr ... Als freischaffende Reinigungskraft müsse man da manchmal auch ungewöhnliche Wege gehen. Sozusagen in Vorleistung treten. Und Einbruch? Hm. Gut, aufgemacht hat ihr niemand, aber irgendwie musste sie doch ins Haus kommen. Und Einbruchsdiebstahl war das nicht, höchstens Einbruchsputzen.

Pamela argumentiert, sie setzt den Polizisten den Kuchen vor, den sie am Vortag gebacken hatte. Es hilft alles nichts. Sie müsse mit einer Anzeige rechnen.

Da Pamela aber nichts gestohlen hat, erhält sie nur eine Bewährungsstrafe, außerdem muss sie 20 Stunden gemeinnützige Arbeit verrichten. Wir wissen allerdings nicht, ob sie die in Putzdiensten ableisten durfte.

Festnahme mal anders

Diego Flores wohnt in Brockton/Massachusetts. Es ist eine laue Sommernacht im Juni 2012. Diego hat ein Möbel- und Elektrogeschäft ohne Alarmanlage entdeckt. Ein gefundenes Fressen! Mit dem Hehler seines Vertrauens hat Diego schon vorab geklärt, dass er die geklauten Elektrogeräte dort für ein hübsches Sümmchen verticken kann. Also auf in den Kampf! Tonight's the night.

Im Schutze der Dunkelheit nähert sich Diego mit seinem

Stemmeisen der Garage, die sich an den Laden anschließt. Das neue Smartphone in der Auslage behalte ich für mich, denkt er sich. Die Hebelwirkung des Stemmeisens funktioniert wunderbar physikalisch, das Garagentor knackt, der Widerstand ist gebrochen, und das Tor lässt sich nach oben schieben. Vielleicht hätte ich doch einen Wagenheber mitnehmen sollen, denkt sich der Profiknacker. Denn irgendwie muss er das Tor jetzt oben behalten. Dann nur noch durch die Garage ins Geschäft, und ab geht die Luzie ... nur, wo liegt hier etwas, das man unters Tor klemmen kann?

Diego erblickt einen Bettpfosten aus Metall. That's it! Er zwängt den Pfosten unter dem Rolltor ein. Da kommt er jetzt locker durch ...

Doch als Diego sich, mit dem Kopf voran, in die Garage schieben will, kippt der Bettpfosten um. Autsch. Das Garagentor knallt auf seinen Kopf und fixiert ihn am Boden, ohne dass er irgendetwas tun kann. Es geht weder vor noch zurück noch sonst irgendwohin.

Da liegt er jetzt, der Diego. Eine Stunde, zwei, drei ... neun Stunden lang. Bis am Morgen die Putzfrau vorbeikommt, Lucy Wong, eine sehr nette Dame kurz vor der Rente mit einem goldenen Herzen.

Eigentlich wollte sie nur den Müll in die Garage bringen und erspäht dabei Diegos eingeklemmten Kopf. »Was machen Sie denn da?«

»Impfghrslchp!« Seine Artikulationsfähigkeit ist etwas eingeschränkt.

Lucy ist immer hilfsbereit. »Kann ich irgendetwas für Sie tun, Sir?«

»Grlfschmpl!«

Lucy ruft die Feuerwehr. Und zur Sicherheit noch die Poli-

– 81 –

zei dazu. Der Feuerwehrmann ist erschüttert über so viel Dilettantismus. Als er Diego befreit hat, hält er ihm einen Vortrag: »Wie kommen Sie denn dazu, den Pfosten hochkant da reinzustellen? Der bricht Ihnen doch sofort weg, sehen Sie ja. Da nehmen Sie entweder einen stabilen Klotz oder einen Wagenheber – so: und zackzack! Das Tor ist oben und hält auch.«

Lucy ist immer noch besorgt: »Was da hätte passieren können, Sir! Sie müssen mehr auf Ihre Gesundheit achten.«

Diego brummt der Schädel. Aber die Freiheit hat ihn wieder. Nicht für lange jedoch. Denn jetzt kommt die Polizei. Die Cops sind auch eher praktisch veranlagt. Bevor sie Diego mitnehmen, betrachten sie kopfschüttelnd das Garagentor und den Bettpfosten. »Warum in Gottes Namen haben Sie denn da keinen Wagenheber genommen?«

Der bestohlene Dieb

Fahrräder zu klauen dürfte weltweit eine Art Hobby sein. Und allzu schwer ist es offenbar auch nicht. Dazu kommt noch, dass die Polizei wenig Energie darauf verwendet, dem Hobby der Fahrraddiebe Einhalt zu gebieten.

Das weiß auch Harry P. aus Washington. Deshalb hat er mit seinen gestohlenen Fahrrädern inzwischen einen florierenden Handel aufgebaut. Er klaut, annonciert anschließend kostenlos im Kleinanzeiger »Craigslist« und verkauft dann. Das Geschäft läuft gut. Bis ... ja, bis er eines Tages Daniel H.s Rad der Marke »Cannondale« mitnimmt. Das ist ein etwas schwierigerer Diebstahl, das Rad kostet umgerechnet mehrere Tausend Euro und ist entsprechend gleich mit drei

Schlössern gesichert. Aber Harry ist Profi, und irgendwann hat er auch dieses Rad befreit und nimmt es mit.

Der Rest folgt dem üblichen Programm: Anzeige bei »Craigslist«, Kundenberatung per Telefon und dann Verkauf. Um gleich klarzustellen, dass es ein Rad dieser Marke nicht geschenkt gibt, beschreibt er es in der Kleinanzeige in allen Details. Dummerweise ist aber auch Daniel kein Idiot. Er weiß, dass geklaute Fahrräder gerne über das Kleinanzeigenportal weiterverkauft werden. Und darum studiert er die Inserate sehr gründlich. Das eine Rad erinnert ihn der Beschreibung nach verdammt an sein eigenes. Also ruft er bei Harry an. Doch ja, so ein Rad habe ihn schon immer interessiert, ob er nicht gleich mal vorbeikommen könne, um es sich anzusehen. »Kein Problem«, antwortet Harry und beschreibt Daniel, wo er wohnt.

Daniel fährt hin. Und erkennt sofort sein Fahrrad. Er weiß aber auch, dass er jetzt nicht einfach so zu Harry gehen und ihm sagen kann: »Das ist übrigens meins, schön, dass ich das hier finde.« Eines aber kann er tun: Er fragt Harry, ob er mit diesem grandiosen Rad, das seine 3000 Dollar natürlich locker wert sei, ob er mit dem also mal eine Probefahrt machen dürfe. Harry nickt. »Klasse«, erklärt Daniel, »und nachher gebe ich dir gleich die Kohle. 3000 hab ich bei mir.« Dann fährt er los.

Harry wartet. Und wartet. Und wartet nach einer halben Stunde immer noch. Nach einer Stunde denkt Harry: Komisch, so lange dauert so eine doofe Probefahrt doch eigentlich nicht.

Und Harry hat recht. Denn Daniel macht gar keine Probefahrt. Er fährt ganz gemächlich zu sich nach Hause.

Nachdem Harry eine Stunde gewartet hat, nimmt er sein

Handy und ruft die letzte eingegangene Nummer an. Daniel meldet sich sofort. »Ja, mein Rad habe ich noch«, erklärt er und lacht.

»Wieso *dein* Rad?«, erbost sich Harry. »So was nennt man Diebstahl!«

»Fragt sich nur, wer hier wen beklaut hat.«

Harry ist zwar ein Fahrraddieb, aber dumm ist er nicht. »Moment mal, das war dein ... also ... Mist.«

»Ja, totaler Mist«, bestätigt ihm Daniel und legt auf.

Ein paar Tage später findet Harry die folgende Kleinanzeige auf »Craigslist«: »Wenn jemand von euch ein Fahrrad vermisst, schaut mal bei Harry P. vorbei.« Dann folgen genaue Anschrift und Telefonnummer. Und zum Schluss liest Harry noch den kleinen, fiesen Satz: »Es lohnt sich.«

»Mist«, sagt Harry wieder, »Mist, verdammter!« Er sollte sich jetzt besser umorientieren. Vielleicht MP3-Player. Er muss mal überlegen.

Wem gehört's?

Unter Juristen gibt es den alten Spruch: »Der Hehler ist schlimmer als der Stehler.« Klingt zwar nach ›Reim dich, oder ich fress dich‹, hat aber folgende Bewandtnis: Wenn der Dieb seine Beute nicht behalten will, muss er sie irgendwie versilbern. Nehmen wir zum Beispiel all die aufgebrochenen Autos. Da verschwinden Elektroteile, die kein Mensch braucht, wenn er nicht selbst ein schmuckes Auto hat, schon gar nicht mehrfach. Hier kommt der Hehler ins Spiel. Der Hehler des Vertrauens macht schon vorher Angebote oder schickt seine Diebe erst auf die Suche. Nach dem Bruch liefert der Dieb das Gestohlene ab, kassiert sein Geld, und alles ist schick. Stichwort: Vertrauen.

Wenn nun ein Dieb seine Beute doch behält, kann das zu Problemen führen. So wie bei Freddy Silver aus Lincoln/ Nebraska im April 2011. Er ahnt noch nichts von seinem Problem. Gerade bricht er nämlich einen Chevrolet Trailblazer auf, tolle Karre übrigens, und entdeckt dort ein megageiles Stereosystem im Wert von 2300 Dollar. Hammer, das Teil! Zu schade zum Verticken.

Freddy lässt das Multimedia-System mitgehen, inklusive Navi, einem gigantischen Verstärker, einem Subwoofer und drei iPods. Freddy ist ganz aus dem Häuschen. Was für einen fetten Sound das in seinem Wagen geben wird – yippie!

Freddy hat nur eine Kleinigkeit übersehen: Von dem exklusiven Schmuckstück gibt es in der ganzen Region nur zwei Exemplare. Übersetzt: Jemand, der so etwas hat, fällt auf wie ein bunter Hund. Armer Freddy.

Ein paar Tage später geht er mit dem Soundsystem zu seinem Hehler, der auf Autoradios spezialisiert ist, um es sich in seinen Wagen einbauen zu lassen. Hier tritt jetzt das Problem mit dem fehlenden Vertrauen unter ehrlichen Kriminellen auf – der Ladenbesitzer ist nämlich dummerweise der Freund der Autobesitzerin, der das Soundsystem gehört. Er kennt auch den geilen Sound, den das Ding macht. Dazu hat er viele Male mit seiner Freundin in ihrem Chevrolet gekuschelt. Genau genommen hat er ihr das System sogar zum Freundschaftspreis besorgt. Hm.

Und da steht jetzt Freddy vor ihm und möchte ihn mit dem Einbau beauftragen. Der Ladenbesitzer überlegt, ob er Freddy einfach kurz und trocken die Nase platthauen soll, ruft dann aber nur die Polizei. Die findet bei Freddy das kom-

– 85 –

plette Diebesgut minus einem iPod. Dafür aber noch ein Gewehr, einen weiteren Verstärker und Werkzeug aus einem aufgebrochenen Lkw. Das reicht für zweieinhalb Jahre Knast. Recherche beim Klauen und Absetzen ist eben das A und O.

Geh nie durstig klauen!

Es ist scheußlich heiß an diesem Septembertag des Jahres 2011, erst recht in Miami Beach. Dan hat Durst. Und Hunger. Außerdem bräuchte er dringend mal neue Klamotten. Dan ist 53 und obdachlos. Nun könnte man in Miami Beach durchaus Gelegenheitsarbeiten annehmen. Dan ist kräftig, zum Kistenschleppen im Supermarkt würde man ihn bestimmt nehmen. Aber Dan hat absolut keine Lust auf Kisten schleppen. Oder Zeitungen austragen. Kisten schleppen ist der komplette Megastress, er hat das schon mal gemacht, danach hatte er eine Woche lang Muskelkater in den Armen. Und vom Zeitungen austragen hat man nachher wieder überall diese dusselige Druckerschwärze. Nein, es muss noch andere Wege geben, zu Essen, Trinken und einer neuen Hose zu gelangen.

Ein Autobruch etwa. So ein kleiner, harmloser, niedlicher Autobruch. Einmal zack, Tür auf, irgendwas lassen die Leute immer im Auto liegen.

Das Auto seiner Wahl ist klein, blau und unauffällig. Und es ist direkt neben »The Clevelander« geparkt, von der Bar hat er bisher nur Gutes gehört. Einwandfreies Bier sollen die da haben.

Für so ein kleines Auto braucht Dan nicht lange. Die Tür ist sofort offen – und in der Ablage zwischen den Vordersitzen liegt der absolute Glückstreffer: eine Kreditkarte.

Klar, man könnte so eine Kreditkarte nehmen und am anderen Ende der Stadt damit etwas kaufen. Oder noch besser in einer ganz anderen Stadt. Vielleicht am anderen Ende des Landes. Aber Dan hat jetzt Durst, jetzt, nicht erst in einer Stunde. Also nimmt er die Kreditkarte und geht in die Bar. Er bestellt ein Bier und drückt dem Barkeeper die eben erst erbeutete Kreditkarte in die Hand. Der nimmt sie. Und stutzt.

Dann geht er zu Linda, die gerade im Zimmer hinten die Buchhaltung macht. »Was für einen Namen liest du da?«, fragt er sie. »Bist du unter die Analphabeten gegangen?«, fragt Linda zurück und grinst. »Mindestens deinen eigenen solltest du aber auch dann noch entziffern können.«

»Du liest da also auch Steve Major?«

»Wenn du dich so schreibst, dann ja«, entgegnet Linda.

Nachdenklich geht Steve zurück in die Bar. Im Türrahmen bleibt er noch einmal stehen. »Ruf doch bitte mal die Polizei«, sagt er zu Linda.

Die nimmt sich das Telefon, verharrt kurz: »Das meinst du jetzt aber nicht ernst, oder?«, fragt sie und legt die Hand mit dem Telefon auf den Tisch. »Du lässt die immer noch im Auto liegen? Wie oft hab ich dir schon gesagt, dass das vollkommen bescheuert ist! Na ja.«

Steve geht zurück hinter den Tresen. »Tut mir leid«, sagt Steve zu Dan, der immer noch auf sein Getränk wartet. Inzwischen hat er wirklich verdammt großen Durst. »Bier kommt sofort.« Polizei hoffentlich auch, denkt Steve.

Und tatsächlich, zwei Minuten später tauchen zwei Polizisten auf. Die sind nicht einmal besonders unfreundlich zu Dan. »Oh Mann«, sagt der ältere der beiden nur und zeigt auf die Kreditkarte. »Ich wäre wenigstens zwei Bars weiter gegangen.« Dan mault noch ein bisschen, wie ungerecht das

Ganze sei, schließlich habe er Durst gehabt, außerdem habe er die Karte bloß gefunden, und dann habe er sie ja sowieso wieder zurückgeben wollen. Aber die Polizisten haben heute nicht ihren kompromissbereiten Tag. Sie nehmen Dan mit. Ob er das Bier vorher noch trinken darf, ist uns nicht bekannt.

»Sie haben den Dieb erreicht.«

Wie sind wir eigentlich früher ohne Navis ausgekommen? Die Dinger sind ja so praktisch. Und sie regen sich niemals auf. Man kann so oft falsch abbiegen wie man will, sogar absichtlich, und die Stimme bleibt immer ausgesucht höflich und freundlich. Wenn wir uns nicht auskennen – das Navi weiß alles. Dazu steht es in ständigem Kontakt mit dem Satelliten, der das liebe Navi genau ortet, damit es uns den Weg weist.

Was des einen Freund ist, ist aber des anderen Feind. Ray Carson war offensichtlich das Prinzip von satellitengesteuerten Elektrogeräten nicht klar. Er wollte aber auch keine Dissertation als Elektroingenieur verfassen, sondern einen Elektroladen ausrauben. Genau das macht er auch im April 2012 in Chicago. Mit zwei Komplizen überfällt er das Geschäft, bedroht die Angestellten mit einer Waffe und fesselt sie. Dann nimmt er ihnen ihre Handys ab und macht sich mit Waren im Wert von 17 000 Dollar aus dem Staub. Darunter iPads, Handys, Kindles – und ein nigelnagelneues Navigationssystem.

17 000 Dollar sind kein Pappenstiel mehr. Die Täterbeschreibungen der Angestellten geben leider nichts her. Wie kriegt man also die Räuber? Die Cops vor Ort kratzen sich am Kopf. Einer hat eine Idee: »Ruf doch mal in der Zentrale an. Die sollen versuchen, das Navi zu orten.«

Sein Kollege hebt nach Art von Sean Connery eine Augenbraue. »So doof ist doch keiner, jetzt ein frisch geklautes Navi anzuschalten!«

Um es kurz zu machen: doch. Es gibt Leute, die so doof sind. Zum Beispiel Ray und seine Kumpane. Die Polizei von Chicago versucht die Ortung eine Stunde nach dem Raub, ohne auf einen Erfolg zu hoffen. Und Bingo! Die Cops sehen präzise, wo das Navi gerade ist. Nämlich genau in Rays Wohnung. Ob die Elektroräuber vor Gericht mildernde Umstände bekommen haben, weil die Festnahme so einfach war und weil die Jungs schon ziemlich dämlich sind, wissen wir nicht.

Handel mit Wertsachen

Wer wirklich süchtig ist, der muss alle paar Minuten seinen Facebook-Account prüfen. Schließlich kann sich in der kurzen Zeit, die man gerade mal nicht online war, ganz Entscheidendes tun: Sabine hat sich ein neues T-Shirt gekauft, die Katze von Herbert hat sich zum Schlafen ins Waschbecken gelegt und Sandys neue Kaffeemaschine macht Zicken. Dabei hat sie die erst letzte Woche geliefert bekommen. Wer da einmal den Anschluss verpasst, kommt nicht mehr hinterher.

Aber manchmal muss man auch andere Dinge zwischen Facebook-Pinnwand und »Likes« schieben. Essen kochen etwa. Oder sich selber einen Kaffee aufsetzen. Oder, ganz ärgerlich, arbeiten. Ja, ab und zu muss sogar so etwas völlig Entbehrliches sein, schon, um die Gebühren für Smartphone und Internetanschluss zahlen zu können. Die Anbieter bringen es sonst tatsächlich fertig, die Verbindung zur Welt zu kappen.

Also arbeiten. Das steht jetzt auch für Marc H. aus Loudon/Pennsylvania auf dem Programm. Marc ist noch jung, gerade 19, aber er war immer schon zielstrebig und wusste genau, was er später einmal werden wollte: Einbrecher nämlich. Das ist klasse, man kann sich seine Arbeitszeit frei einteilen und sogar den Ort aussuchen, und mit ein bisschen Berufserfahrung hat man relativ wenig Aufwand für eine große Ausbeute. Und vor allem ist man sein eigener Chef. Keiner, der einem reinquatscht, keiner, der einem sagt, dass die Kaffeepause jetzt aber mal langsam vorbei ist. Sicher, der Job hat auch seine Nachteile: Man muss sich seine Arbeitsausrüstung selbst besorgen. Aber welcher Job ist schon völlig ideal?

Marc ist also insgesamt sehr zufrieden mit seiner Arbeit, sie lässt sich vor allem sehr gut mit Facebook vereinbaren. Er legt nämlich fest, wann er wie oft und wie lange dort ist. Er alleine und sonst niemand. Aber jetzt muss er eine kurze Pause bei Facebook einlegen und etwas Arbeit dazwischenschieben. »Bin mal eben Geld verdienen. Gleich zurück«, schreibt er an seine Pinnwand. Es ist elf Uhr nachts. Aber seine engsten Freunde wissen, womit er sein Geld verdient.

Das Haus liegt günstig, die Nachbarn sind weit genug entfernt, zwischen Haus und Straße ist eine dichte Hecke. Alles funktioniert wunderbar, es dauert keine Minute, bis Marc im Haus ist. Er kann das eben!

Mit geübtem Blick geht er durch die Räume, nimmt hier ein paar Hundert-Dollar-Scheine aus einem Portemonnaie, dort ein Armband aus einer Schatulle, da eine kleine Kristallfigur. Die ist zwar abgrundhässlich, aber Marc weiß, dass

– 90 –

manche Leute Liebhaberpreise in beachtlichen Höhen für so was zahlen. Schließlich entdeckt er noch zwei Diamantringe. Unglaublich, wo die Leute ihren Schmuck ablegen, einfach so aufs Waschbecken. Wenn die jetzt durch den Ausguss ... Mitdenken ist nicht jedermanns Sache.

Marc ist schon so gut wie fertig. Da fällt sein Blick auf den Laptop. Auch den haben die Hausbesitzer einfach so auf den Esstisch gestellt. Und garantiert nicht mit einem Passwort gesichert. Wer seine Diamanten aufs Waschbecken legt, sichert auch nicht den Computer. Marc sieht auf die Uhr. Er liegt gut in der Zeit. Und er war sicher schon eine Stunde nicht mehr bei Facebook.

Der Rechner fährt klaglos hoch.

»Hallo Marc, arbeitest du immer noch?«, fragt Sandy.

Marc schaut nach, sie ist gerade online. »Bin noch mitten drin«, schreibt er zurück. »Ist aber ideal gelaufen bis jetzt.«

»Was machst du eigentlich?«, will Sandy wissen.

»Selbständiger Unternehmer«, erklärt Marc. »Handel mit Wertsachen.«

»Wahnsinn«, liest er gleich danach. »Gehen wir mal aus?«

»Klar«, schreibt Marc. Sandy sieht auf ihrem Foto ziemlich gut aus. Er fügt schnell seine Telefonnummer und E-Mail hinzu. Eine Frau wie Sandy will er sich nicht entgehen lassen. »Ruf mich an. Muss jetzt weitermachen. Habe noch einen wichtigen Termin.« Das klingt gut, findet er. Sandy wird das bestimmt auch gut finden.

Er wirft noch einmal einen Blick ins Zimmer, eigentlich ist er hier fertig. Routiniert zieht er die Haustür hinter sich zu. Das war eine richtig professionelle Aktion heute Abend.

Zwei Stunden später kommen Penny und Michael Park nach Hause. Weil Marc tatsächlich höchst professionell gearbeitet hat, sehen sie zunächst einmal nichts von dem Einbruch. Merkwürdig, denkt Penny noch beim Zähneputzen, ich hatte doch vorhin meine beiden Ringe hier abgelegt. Aber vielleicht irrt sie sich ja, sie waren schon etwas spät dran, kann gut sein, dass sie die Ringe in der Eile woanders hingelegt hat. Dann hört sie Michael rufen: »Jetzt ist der Computer schon wieder vier Stunden lang gelaufen, obwohl kein Mensch ihn benutzt hat.« Penny hört gar nicht richtig zu. Immer dieselbe Leier: Energie sparen, Kosten reduzieren, Umwelt schonen. Wie so ein ausgeschalteter Computer die Umwelt schonen will, ist ihr noch nie klar geworden. »Moment mal«, wieder hört sie Michael rufen, dieses Mal allerdings eher erstaunt als unzufrieden. Dann: »Penny, kommst du mal bitte. Penny! Pe-nny, jetzt gleich, nicht erst in zehn Minuten.«

»Aber nach drüben gehen darf ich schon noch?«, fragt sie und findet selber, dass sie vielleicht ein bisschen zu zickig klingt.

Michael zeigt auf den Bildschirm. »Kennst du den?« Vor ihnen erscheint das Bild von Marc. Dazu der letzte Chat mit Sandy, samt Telefonnummer und E-Mail-Adresse. »Und wer ist Sandy?«

»Hm«, erwidert Penny geistesgegenwärtig. »Ruf ihn doch mal an.«

Aber das lässt Michael. Er hält sich beim Telefonieren besser an die Polizei. Die kommt auch sofort und schätzt die Lage recht schnell richtig ein.

»Wir schauen mal bei Marc vorbei«, erklären sie Penny und Michael. »Kann es eigentlich sein, dass hier etwas fehlt?« So auf den ersten Blick nicht, meinen die beiden. Aber dann fallen Penny die beiden Ringe wieder ein. Und Michael erinnert sich, dass er vor Kurzem ein paar Hundert Dollar abgehoben hat.

Was sollen wir dazu noch weiter sagen? Marc ist ein bisschen überrascht, als er zum einen Besuch von der Polizei bekommt und die Polizisten zum anderen auch ziemlich genau Bescheid wissen über ihn und Sandy. Aber aus den beiden wird vorerst sowieso nichts. Marc bekommt zehn Jahre, und Sandy steht nicht so auf Männer im Knast.

Tastensperre nicht vergessen!

Mitarbeiter in der Notrufzentrale haben so ihre kleinen Vergnügen. Ein großer Teil der Arbeit ist langweilig (warten), traurig oder gar zum Heulen. Die Notrufzentrale erlebt das Leben meist von der ernsten Seite. Aber es gibt Ausnahmen. Die sind besonders unterhaltsam, weil sie so völlig unerwartet kommen.

In der Notrufzentrale von Fresno/Kalifornien arbeitet Larry Cole. Seine Freundin hat ihn gerade sitzen gelassen, und Larry ist entsprechend schlecht drauf. Außerdem ist an diesem Abend im Mai 2013 fast nichts los. Larry langweilt sich zu Tode. Bis hierher die Lage auf der einen Seite der Leitung.

Irgendwo draußen in ihrem Auto sitzen derweil Bing Tackleberry und Simon Wineyard. Die beiden haben riesige Lust auf einen Joint. Aber sie haben kein Gras. Geld haben sie auch nicht. Die beiden bereden, wie sie diesem Notstand abhelfen können. Unglücklicherweise sitzt Simon gerade auf seinem Handy. Das steckt in der hinteren Hosentasche, und von Tastensperre hat Simon nie etwas gehört. Ganz dumm: Das Handy wählt ausgerechnet 9-1-1, den Notruf.

An dieser Stelle kommt Larry wieder ins Spiel. Sein Telefon blinkt, und er sieht als Anrufer eine Handynummer. »Notrufzentrale Fresno«, meldet er sich. Am anderen Ende meldet sich niemand. Stattdessen hört Larry gedämpft und weit entfernt: »Ich will jetzt unbedingt kiffen. Nimm das Schloss und gib mir den Hammer, nur für den Notfall.« Wahrscheinlich hätte Larry unter anderen Umständen gleich wieder aufgelegt. Ist ja kein Notruf. Heute Abend aber bleibt er dran und hört interessiert zu.

Weil seine Kollegen sich ebenfalls langweilen, winkt Larry sie hektisch heran. »Kommt her, Leute, ich hab hier gerade Schwachmaten dran, das glaubt ihr nie!« Die halbe Notrufzentrale von Fresno hört mit, wie die beiden Kiffer planen, ein paar Autos aufzubrechen, um sich Drogen besorgen zu können.

Larry wirft eine 5-Dollar-Note neben das Telefon. »Die beiden brechen in einer halben Minute das erste Auto auf.« Die Wetten stehen nach 5 Sekunden 5:1 gegen einen Aufbruch innerhalb von 30 Sekunden. Blick zur Uhr: 30-29-28 ... 8-7-6 ... Die Zentrale wird Ohrenzeuge, wie eine Autoscheibe zersplittert. Bing und Simon johlen. »Geil, Alter! Und hier drin sind auch noch verschreibungspflichtige Medikamente.«

»Okay, jetzt haben wir den Idioten aber genug Vorsprung gegeben«, sagt Larry. Sein Gewissen meldet sich und das der Kollegen ebenso. Larry verständigt die Polizei. »Hallo, Fresno Police, hier Notrufzentrale. Wir haben hier gerade einen Anruf von zwei Typen, die eben ein Auto aufgebrochen haben.«

Der Polizist hält das für einen Scherz: »Ihr sollt nicht immer so viel saufen bei euch, das geht auf die Birne.«

Larry hält den Hörer, aus dem die Stimmen der Autoknacker klingen, an das Mikrofon seines Headsets. Bing und Simon gehen gerade noch einmal durch, was sie an Beute aus dem Auto mitgenommen haben, freuen sich nachträglich über das Splittern der Scheibe und reißen dann noch ein paar »Bullenwitze«.

Die Witze kannte der Polizist zwar schon alle, aber kennenlernen möchte er die beiden Vögel trotzdem. Er schickt einen Streifenwagen los. Larry hört mit, wie hinter Bing und Simons Auto die Sirene loslegt. Simon ist ganz perplex. »Was wollen die von uns? Ich fahr doch gar nicht zu schnell.« Larry kichert in sich hinein. Er hört, wie die Streife die beiden anhält und Beute sowie Einbruchswerkzeug sicherstellt. Der Cop klärt sie noch auf, dass sie die ganze Zeit mit dem Notruf verbunden waren und es wahrscheinlich immer noch sind.

»Was? Du hast den Notruf gewählt? Scheiße«, entfährt es Bing.

»Was zum Teufel?« Simon ist fassungslos.

Bing dagegen wütend. Er zieht Simon das Handy aus der Gesäßtasche. »Hallo? Ist da jemand?«

Larry prustet los. »Ja, hier ist Ihre freundliche Notrufzentrale, immer im Dienste des Bürgers.«

Wir wissen nicht genau, ob diese Episode Larry aus seinem Tief wegen seiner Freundin befreit hat. Es würde uns aber sehr freuen, falls er nach der Berichterstattung auch weibliche Fanpost von Verehrerinnen erhalten hätte. Zumindest haben ihm Bing und Simon die Langeweile vertrieben.

Reden ist Silber ...

Kommunikationstalent ist ja an sich etwas sehr Erstrebenswertes. Nichts ist mühsamer als ein Gesprächs- oder eher Nicht-Gesprächspartner, der die ganze Zeit schweigt. Manchmal ist es allerdings definitiv besser, die Klappe zu halten. Nur ist Schweigen nicht unbedingt eine von Martins herausragenden Eigenschaften. Als Alleinunterhalter auf Partys ist Martin P. unschlagbar. Es vergehen keine zehn Minuten, und schon hat er eine Riesentraube von Menschen um sich versammelt, die begeistert seinen neuesten Anekdoten zuhören.

Aber ein Gerichtssaal des Duisburger Amtsgerichts ist keine Party-Location. Und Martin ist an diesem Februarmorgen des Jahres 2005 auch nicht hier, weil irgendjemand seine Geschichten hören möchte. Sondern weil sein Freund und Arbeitskollege Mahmud wegen Diebstahls angeklagt ist. Martin weiß, was Loyalität heißt, und nachdem er Mahmud beim Klauen im Kaufhaus geholfen hat – war übrigens keine schlechte Ausbeute: 33 teure Armbanduhren – und nur Mahmud geschnappt wurde, findet er, dass er jetzt wenigstens bei der Gerichtsverhandlung zuschauen sollte. Vielleicht braucht Mahmud ja Hilfe, jemanden, der ihm nach der Verhandlung eine Kippe gibt, wo Mahmud doch wahrscheinlich jetzt in den Knast muss und wo es da wahrscheinlich nicht einfach so jede Menge Zigaretten gibt.

Der Prozess beginnt. Martin sieht, wie der Richter ein Blatt Papier nimmt und erklärt, er werde jetzt den Polizeibericht verlesen. Da ist zuerst mal vom Diebstahl die Rede, von den 33 Uhren, und dann wird erläutert, wie die Polizei Mahmud zu fassen bekommen hat. Wenn man Martin fragt, ganz einfach, weil Mahmud ein lahmer Sack ist, der nicht schnell genug abhauen konnte. Aber Martin fragt ja keiner. Außerdem ist der Richter noch gar nicht fertig.

»... Der Beschuldigte gibt an, nicht allein gehandelt zu haben. Seiner Einlassung nach habe er unter Beihilfe einer weiteren, nicht näher bezeichneten Person namens Martin gehandelt. Der Beschuldigte weigert sich, weitere Angaben zu den Personalien und zum Aufenthaltsort des Komplizen zu machen.«

Das gibt's ja nicht. »Mahmud, du bist so ein blöder ...« Jetzt ergießt sich eine Schimpfkanonade ersten Ranges auf den armen Mahmud, die wir hier aus Gründen des Sprachniveaus besser nicht zitieren möchten, die aber mit den Worten schließt: »Das nächste Mal kannst du deine Scheißuhren alleine klauen, klar!«

Unterdrücktes Lachen im Gerichtssaal. Der Richter schaut von seinem Blatt Papier auf. »Kann es sein, dass wir es hier mit dem gesuchten, nicht näher benannten Martin zu tun haben?«, fragt er und verbeißt sich gerade noch ein Grinsen. »Klar, Mann«, motzt Martin zurück. »Und das A...«, wir überspringen hier ein paar weitere Flüche, »kann sich auf was gefasst machen, wenn wir hier fertig sind.«

»Wir«, der Richter nickt, »das haben Sie sehr schön erfasst. Damit hätten wir jetzt ja einen Zeugen des Diebstahls.«

»Wieso Zeuge, ich war schließlich dabei!« Martin ist ehrlich entrüstet.

»Zunächst einmal vernehmen wir Sie als Zeugen«, erklärt der Richter geduldig. »Später wird auch Anklage gegen Sie erhoben werden. Dann«, und jetzt grinst er wirklich breit, »sind Sie wirklich die Hauptperson, gut?«

Ab hier entspricht der weitere Verlauf nicht mehr ganz Martins Vorstellungen.

– 97 –

Das Opfer schießt zurück

Es steht im 2. Zusatzartikel der amerikanischen Verfassung von 1791: »... darf das Recht des Volkes, Waffen zu besitzen und zu tragen, nicht beeinträchtigt werden.« Neuerdings zeigt sich zwar sogar der Präsident frustriert über die Waffengesetze, aber diese Geschichte spielt in Texas, dem Bundesstaat, mit dem man sich nicht anlegt und in dem noch echte Männer leben.

Männer wie Chuck Harris. Chuck schläft immer in Trainingshosen, falls er nachts noch gesetzloses Gesindel verfolgen muss, und in seinem Wohnzimmerschrank steht ein gut geöltes Gewehr. Er hat es Suzie genannt, so wie Sledge Hammers geliebte Wumme. Chuck ist selbstverständlich Mitglied in der National Rifle Associaton, und die Dialoge der Rambo-Filme kennt er genauso auswendig wie die der meisten Van-Damme-, Bruce-Willis- und Schwarzenegger-Ballerstreifen. So ein Mann ist der Chuck. Andere mögen Albträume haben, wenn sie an Einbrecher denken und zittern und bibbern bei dem Gedanken – nicht er!

Es ist der 14. Mai 2013 in Houston. Chucks alte Militäruhr zeigt 2 pm. Er sitzt gerade beim Kaffee und sinniert, wie das Land Stück für Stück an den gottverdammten Liberalen zugrunde geht. Jetzt denken die Schwachköpfe in Washington schon darüber nach, die Waffengesetze zu verschärfen. Unglaublich.

Da hört Chuck die Haustür bersten. Geistesgegenwärtig eilt er in den Flur und steht drei bewaffneten Gangstern gegenüber. Aber Chuck Harris wäre nicht Chuck Harris, wenn er sich davon beeindrucken ließe: Seine Pranke holt zu einem mächtigen Schlag aus, der den ersten zu Boden streckt, aber die beiden Komplizen sind nicht gerade Zwerge. Nach einem ausgiebigen Handgemenge überwältigen sie Chuck und sperren ihn ein. Und zwar in seinen Schrank im Wohnzimmer.

Wie gesagt, wir befinden uns in Texas, wo die Waffendichte in Wohnzimmerschränken noch höher ist als in der Schweiz. Unsere Gangster schauen aber nicht nach, was in dem Schrank steckt. Und sie fesseln Chuck auch nicht. Hätten sie nachgesehen, dann hätten sie dort auch Suzie erblickt.

»Suzie, das ist unser Moment«, flüstert Chuck. »Darauf haben wir uns vorbereitet.« Seine Hand umschließt zärtlich, aber fest den Lauf. Er streichelt den Kolben. Gleich wird er wie Billy the Kid aus der Kiste springen und ... nein, stopp, Film zurück, Billy war ja ein Verbrecher – also wird er vielmehr ... ach, zur Hölle, ran an die Buletten, vielmehr an die T-Bone-Steaks! Chuck lädt durch. Jetzt macht's bumm.

Die Schranktür ist damit schon mal auf. Chuck wähnt die Räuber schon auf der Straße und will ihnen nachsetzen. Im Flur sieht er aber noch einen rumschleichen, und zwar den Hänfling, dem er eben noch eine verpasst hat. Der trägt jetzt auch eine Waffe.

High Noon.

Chuck liebt solche Momente. Er hat sie zwar noch nie erlebt, sich aber oft vorgestellt. »Die Stadt ist nicht groß genug für uns beide, Kleiner«, zischt er dem Gangster zu. Man könnte eine Klapperschlange kriechen hören. Irgendwo in der Ferne bellt ein Coyote, scheint es Chuck. Dann ballern die beiden los. Zwischen den Schüssen rufen die beiden Komplizen vor dem Haus noch, dass ihr Kumpan endlich rauskommen soll, aber Chuck hat zu viele Actionfilme gesehen, um diese Chance ungenutzt verstreichen zu lassen: Sein

Gegner sinkt getroffen zu Boden und hält sich Schulter und Bein. Chuck ist unverletzt. Er ist der Last Man Standing.

»Wartet, meine Süßen, hier kommt Wyatt Earp!«, ruft Chuck den beiden anderen Gangstern zu. Der Name dieses legendären Sheriffs flößt den Verbrechern von heute offensichtlich immer noch Angst und Schrecken ein, denn die beiden nehmen die Beine in die Hand und flüchten. Ihren verletzten Kumpel lassen sie zurück. Chuck nimmt die Verfolgung auf und schießt noch ein paarmal in deren Richtung, sie können aber entkommen.

Als Chuck zurückkommt, ist der verletzte Gangster aus dem Haus gerobbt, liegt blutend auf der Straße und wird von Polizei und Rettungspersonal umringt. Die Polizei braucht ihn gar nicht erst zu befragen – der Verletzte ist so erbost darüber, dass ihn seine Kumpel im Stich gelassen haben, dass er sofort bei ihrer Identifizierung behilflich ist. Inzwischen ist auch das Lokalfernsehen da und interviewt einen Nachbarn. Der sagt in grobschrötiger texanischer Manier: »Für das, was hier passiert ist, sind Waffen da. Um sein Haus und das Leben seiner Familie zu beschützen.« Don't mess with Texas!

Einkaufen mit Polizeischutz

Geschäfte lassen sich ja mitunter komische Werbeaktionen einfallen, um nur ja genügend Menschen anzulocken. Da werden Z-Promis zur Signierstunde geladen, ein Möbelgeschäft bietet Kartoffeln zum Sonderpreis an. Oder man darf so viel aus dem Laden mitnehmen, wie man auf einmal tragen kann.

Noch origineller ist allerdings die Idee des Walmarts in Charles County/Maryland. Dort hatte die PR-Abteilung eines Tages den Einfall, Wohltätigkeit damit zu verbinden, das Image der Polizei ein bisschen aufzumöbeln. Sozusagen weg vom Feind der bösen Verbrecher hin zum Freund der Bedürftigen. »Shop with a cop« nennt sich die Aktion. An diesem einen Tag können Kinder aus armen Familien kommen und sich Schulsachen und Weihnachtsgeschenke für sich und ihre Familien aussuchen. Gratis natürlich. Das ist ja für sich betrachtet schon sehr edel. Begleitet werden die Kinder dabei von Polizisten. Finanziert wird das Ganze durch Spenden.

Bis hier ist die Aktion ganz einfach nur das, was sie sein soll: edel und klug.

Jetzt aber betritt Bert die Bühne des Geschehens. Bert ist 22, und um es gleich vorwegzunehmen: Auch Bert ist nicht der Schlauste. Außerdem liest er keine Zeitung und hört kein Radio. Lokalfernsehen sieht er auch nicht. Nicht einmal die Werbebeilagen, die immer völlig ungefragt im Briefkasten landen, schaut er sich an. Besser wäre allerdings gewesen, er hätte wenigstens eines davon getan in den letzten Tagen. Denn dann hätte er sich nicht ausgerechnet diesen einen Freitag im Dezember 2011 ausgesucht, um in den Walmart zu gehen und dort die Verpackungen einiger eher teurer und zudem sehr gefragter Videospiele aufzuschlitzen. Um es noch einmal kurz in Erinnerung zu rufen: An diesem Tag wimmelt es bei Walmart von Polizisten. Und die sind nicht einmal in Zivil, schließlich ist das Ganze ja auch eine Werbeaktion für die Polizei.

Aber auf solche Kleinigkeiten wie die Frage, was die anderen Kunden um ihn herum gerade machen, kümmert sich Bert nicht. Er will die Videospiele! Einerseits, um sie weiterzuverkaufen, andererseits, weil er selbst begeisterter Spieler von Super Mario und Co. ist. Er steckt also mitten in der »Arbeit«, zehn Spiele hat er schon in der Hosentasche verstaut, an der Verpackung des elften macht er sich gerade zu schaffen. Die ist ein bisschen widerspenstig und lässt sich nicht an der dafür vorgesehenen Stelle öffnen. Verdammt, bei den anderen ging das immer mit einem ganz unkomplizierten Ratsch.

»Wirst du wohl, Mistding«, flucht Bert leise. Manchmal hilft das.

»Will es nicht so richtig?« Mitten in Berts Zwiegespräch platzt eine laute Stimme.

Müssen die Leute immer so schreien, denkt Bert. »Ich bekomme das verdammte Teil hier nicht auf!«, erklärt er der lauten Stimme neben sich. »Bei den anderen ging das aber ganz einfach«, stellt die Stimme neben ihm fest.

»Stimmt.« Jetzt dreht Bert sich um. »Was wollen Sie eigentlich?«

Der Mann lächelt undefinierbar. »Ich wollte Ihnen nur mitteilen, dass ich vom Sicherheitspersonal der Kette Walmart bin und dass wir Ladendiebstahl nicht so toll finden.«

Heute ist nicht mein Tag, denkt sich Bert. Trotzdem kontert er geistesgegenwärtig: »Sie können gar nicht wissen, ob ich klauen wollte.«

»Okay, wollen Sie die da alle kaufen?« Er deutet auf Berts linke Hosentasche. »Dann müssen Sie ziemlich viel Geld übrig haben, mein Sohn bekommt höchstens eins davon im Jahr.«

»Erstens bin ich aber reich«, erklärt Bert, »und zweitens müssen Sie erst mal die Polizei holen. Einfach so dürfen Sie mit mir gar nichts machen.«

»Oh«, entgegnet der Sicherheitsmann, »das ist gerade heute kein Problem.« Er deutet in die Menge der anderen Kunden. »Suchen Sie sich einen aus. Sie können frei wählen.«

Bert staunt nicht schlecht. »Überall Polizei«, sagt er verdattert, »hatten Sie eine Bombenwarnung?«

»Werbeaktion«, antwortet der Mann knapp.

Ladendiebstahl im Wert von 635,04 Dollar, dazu jede Menge Polizei direkt vor Ort. Nein, heute ist wirklich nicht Berts Tag.

Catch me if you can

Die Straftat, derentwegen Nathan Delorious vor Gericht erscheinen soll, ist nicht der Rede wert. Schlapper Ladendiebstahl. Nix mit Waffen, und um wertvolle Beute geht es auch nicht, sondern nur um eine Packung Kondome (die extra gleitfähigen). Wir befinden uns in Neuseeland, in der Stadt Taupo. Dort ist im Juli 2011 Nathans Verhandlung angesetzt. Er hat nicht einmal Vorstrafen, alle Beteiligten rechnen damit, dass der Prozess nach zehn Minuten vorbei ist, er eine kleine Geldstrafe aufgebrummt bekommt und gut.

Aber Nathan erscheint nicht. Die neuseeländische Justiz tut, was man eben so als rechtsstaatliche Justiz tut: Sie ordnet die Vorführung des Angeklagten an. Erfolglos. Nathan ist nicht zu Hause und auch sonst unauffindbar. Also bittet das Tauhara Paetiki Neighbourhood Policing Team auf seiner Facebook-Seite um Mithilfe: Wer hat Informationen, wo der Ladendieb steckt? Statt eines Informanten meldet sich Nathan selbst. Facebook ist seine Welt, da kennt er sich aus.

Die Polizei entdeckt auf ihrer Seite sein »Hurra!« und liest, wie Nathan seinen Spott über »die unfähigen Bullen« ausgießt. »Die Penner sind ja sowieso zu blöd, um mich zu kriegen.« Hm. Damit hebt Nathan die Suche nach ihm und die Angelegenheit zwischen ihm und der Polizei auf eine, sagen wir mal: persönliche Ebene. Die Laune bei den Ordnungshütern wird nicht besser dadurch, dass Nathans Beitrag in Windeseile geliked, geshared und weitergepostet wird. Dadurch entwickelt sich bei der Polizei ein gewisser Ehrgeiz, der über den professionellen Willen hinausgeht, ihn zu schnappen.

Andererseits erleichtert Nathans Posting die Arbeit auch ganz erheblich. Durch die Popularität seines Facebook-Beitrags ist sein Gesicht mittlerweile überall bekannt. Das geht so weit, dass Medien aus aller Welt über das Katz-und-Maus-Spiel berichten. Selbst wenn Nathan jetzt nach Sibirien oder Patagonien flüchtet, kann er nicht mehr sicher sein, dass ihn dort niemand erkennt.

Also fasst er den einzig senkrechten Entschluss. Er kündigt an, sich der Polizei zu stellen – und zwar natürlich ebenfalls bei Facebook. Mit fliegenden Fahnen geht der Arme unter – hat sich das wirklich gelohnt, Nathan? Bei einem kleinen Ladendiebstahl? Diese Frage stellen ihm die Journalisten, die ihn in Scharen erwarten. Nathans Einzug ins Revier wird zu einem Event. Inzwischen ist er schon ganz Medienprofi: »Ich habe den Einfluss der sozialen Netzwerke unterschätzt. Es war sicherlich auch kein guter Einfall, die Polizei auf ihrer eigenen Facebook-Seite zum Narren zu halten.«

Kann man so sehen. Die neuseeländische Polizei verzichtet jedenfalls auf triumphale Meldungen bei Facebook. Anscheinend reicht dort die Genugtuung, sich nicht von einem Nerd zum Narren halten zu lassen.

Hänsel und Gretel, leicht modernisiert

Eines Nachts hörte Hänsel seine Stiefmutter zum Vater sagen, er solle die beiden Kinder nehmen, mit ihnen in den Wald gehen und sie dort aussetzen. Der Vater wollte zwar nicht so recht, aber die Stiefmutter ließ nicht locker. Und so zog der Vater am nächsten Tag mit Hänsel und seiner Schwester Gretel in den Wald. Was er aber nicht wusste: Hänsel hatte sich jede Menge kleiner Steine eingesteckt. Alle paar Meter warf er einen davon auf die Erde. Und als der Vater die beiden zurückgelassen hatte, folgten die Geschwister der Spur und kamen gesund und munter wieder nach Hause. Die Stiefmutter war nachvollziehbarerweise ziemlich wütend und erklärte ihrem Mann, eine Chance gäbe sie ihm noch, wenn die blöden Blagen aber am nächsten Tag wieder zurückkämen, dann könnte er sich eine neue Frau suchen. Am nächsten Tag machten sich Vater, Hänsel und Gretel wieder auf den Weg. Aber dieses Mal hatten die Kinder keine Steine dabei, sondern nur Brotkrumen. Die fraßen die Vögel und ... den weiteren Verlauf kennen ja alle. Sie kommen zur bösen Hexe, essen erst mal ordentlich, und als sie merken, dass die Hexe wirklich nicht sehr nett ist, stecken sie sie in den Ofen und gehen nach Hause.

So weit das Märchen. Da geht das Ganze gut aus. Vor allem zunächst mal für den Vater. Denn die Brotkrumenspur wird aufgegessen, und er bekommt keinen weiteren Ärger mit seiner Frau. Außerdem können die Kinder richtig viele Süßigkeiten essen bei der Hexe.

Aber jetzt versetzen wir das Märchen der Brüder Grimm in die Gegenwart des Jahres 2012, genau genommen in den Juli dieses Jahres und nach Washington/Pennsylvania in den

USA. Ein paar der Märchenelemente müssen wir verändern. Erstens ist Benny D. schon 22 Jahre alt, also kein Kind mehr. Zweitens hat er keine Schwester dabei. Und drittens wird er auch von niemandem ausgesetzt, und schon gar nicht im Wald.

Vielmehr hat Benny den nicht ganz so edlen Plan, in der nächsten Subway-Filiale einzubrechen und dort die Kasse zu plündern. Den Plan. Denn ganz geht der nicht auf. Die verdammte Kasse will sich nämlich nicht öffnen. Und das, wo er drei Fensterscheiben und eine Glastür eingeworfen hat, um in den Subway zu kommen. Benny blutet, er will Geld, und außerdem hat er Hunger.

Gut, denkt sich Benny, immerhin gibt's hier was zu essen. Wenn schon kein Bargeld. Er schnappt sich neun große Chipstüten und reißt die erste von ihnen gleich im Laden auf. Dann macht er sich auf demselben Weg, auf dem er hineingekommen ist, durchs Fenster, wieder auf den Rückweg. Benny hat wirklich wahnsinnigen Hunger. Die erste Chipstüte ist gleich leer. Aber er hat ja noch acht weitere. Verkaufen kann er die sowieso nicht, also kann er sie auch selber essen. Ritsch, die nächste Tüte ist offen.

So geht das eine ganze Weile. Benny ist schon bei der vierten Tüte angekommen, als er dringend eine Pause braucht. Er macht einen kleinen Umweg zur Highschool, setzt sich dort auf die Treppen und isst erst mal weiter.

Dann hört er eine Polizeisirene. Von ihm können die nichts wollen, denkt er sich. Schließlich hat er nichts geklaut außer ein paar Chipstüten, und dafür macht sich die Polizei nun wirklich nicht auf den Weg.

Aber das Auto hält direkt vor der Schule. Zwei Polizisten steigen aus. Der eine von ihnen setzt sich neben Benny auf die Treppe und greift ganz selbstverständlich in die offene Chipstüte. Die sechste übrigens, drei liegen noch verschlossen neben Benny, die will er sich für den Abend aufheben.

»Hallo«, meint der Polizist mit den Fingern in der Chipstüte freundlich. »Kennen Sie das Märchen von Hänsel und Gretel?« Aber Bennys Mutter hat ihm als Kind immer nur Donald Duck vorgelesen, von den Brüdern Grimm hat er noch nie gehört.

»Nö«, antwortet er daher wahrheitsgemäß. »Worum geht's da?«

»Um Brotkrümel«, erklärt ihm der Polizist und streckt ihm dann seine Hand hin. »Ich bin übrigens Tobias.«

»Benny.«

»Das mit den Brotkrümeln war nämlich so ...« Und jetzt erzählt ihm Tobias in Kurzform das Märchen von den beiden ausgesetzten Kindern. Als er bei der Stelle mit den Brotkrümeln ankommt, rutscht Benny ein »Echt fies!« heraus.

»Stimmt«, bestätigt ihn Tobias. »Aber das Fieseste ist, dass die Brotkrümel von Vögeln gefressen werden.«

»Dann finden die beiden ja gar nicht mehr zurück.«

»Richtig.« Tobias nimmt sich noch eine Handvoll Chips. »Und damit sind wir jetzt bei Ihnen angekommen. Ihre Chipskrümel hat nämlich kein Vogel gefressen. Und nun raten Sie mal, wo die Chipsspur anfängt.«

Benny ist nicht der Allerhellste, aber das hat sogar er verstanden. »Aber ... ich meine ... also, ich habe da nichts geklaut, nur die paar Chipstüten. Und von denen essen Sie auch gerade.« Ha! Tobias kann ihm gar nichts! Wenn, dann ist er jetzt genauso ein Chipsdieb wie Benny.

»Richtig«, antwortet Tobias, »die Chips esse ich auch. Aber ich habe nicht drei Fensterscheiben und eine Glastür im Subway ruiniert und auch nicht wie ein Wilder mit der Kasse herumgefuchtelt, sodass die jetzt völlig verzogen ist. Das sieht schon ein bisschen nach versuchtem Diebstahl aus, finden Sie nicht?«

Eigentlich findet Benny das nicht. Trotzdem nehmen sie Benny die restlichen drei Chipstüten weg. Und angeklagt wird er auch noch.

I am what I am

Es ist nie zu spät, um zu sich selbst zu stehen. Auch nicht, wenn man ein verurteilter Sexualverbrecher ist. Aber der Reihe nach: Don Chrysler aus Sherman/Texas ist genau das – ein Sexualverbrecher, mehrfach verurteilt wegen Vergewaltigung. Nun gibt es ja zuhauf diese Zoten und Kalauer über den Begriff »knastschwul«. Darüber, dass man sich im Gefängnis unter der Dusche nicht nach der Seife bücken soll etwa. Aber das ist ja nicht das Einzige, was einem das Leben hinter Gittern zur Hölle macht. Man darf nicht an die frische Luft, wenn man will, man bekommt nur Wasser und Brot – und man darf auch nicht in Frauenkleidung herumlaufen, wenn einem danach ist.

Was Don bisher nicht gestört hat, also das mit den Frauenkleidern. Seine ersten drei Haftstrafen verbrachte er vielmehr damit, davon zu träumen, wie er einer Frau ihre Kleider wieder gewaltsam vom Leibe reißt.

Aber bei diesem vierten Aufenthalt macht er Bekanntschaft mit Rufus.

Rufus ist über zwei Meter groß, fast ebenso breit, und es fällt leichter, die Körperstellen zu finden, an denen Rufus nicht behaart ist als umgekehrt. Unbehaart sind nämlich nur seine Glatze und seine Nase. Niemand weiß genau, woher Rufus stammt. Er spricht einen undefinierbaren Akzent und redet kaum. Kurz nach Dons Ankunft im Gefängnis kommt Rufus auf ihn zu und macht ihm eine Liebeserklärung: »Ich Mann, du Frau.«

Mehr sagt Rufus während der ganzen Knastbeziehung nicht zu Don. Diese vier Wörtchen und, wichtiger noch, das, was darauf folgt, führen bei Don zu einem tiefgreifenden Bewusstseinswandel. Ihm wird klar, dass er eine Diva im Körper eines Vergewaltigers ist. Jedes der Treffen mit Rufus lässt Dons wahre Bestimmung mehr hervortreten.

Dann kommt der Tag des Abschieds. Don wird entlassen. Er haucht Rufus noch ein Küsschen auf den Pelz und sagt adieu. Rufus grunzt irgendetwas zurück. Kaum hat sich das Gefängnistor hinter Don geschlossen, hat er Gloria Gaynor im Ohr: »I am what I am. And what I am needs no excuses.« Beflügelt stakst er in die nächste Bar und trinkt sich ein wenig Mut an.

Man kennt Don. Der Barkeeper feixt: »Bringt eure Mädels in Sicherheit! Don ist wieder da!« Als Don einen Piccolo bestellt, »Prösterchen« sagt und seinen Nebenmann damenhaft um Feuer bittet, klappt dem Barmann die Kinnlade nach unten. Ein paar Stunden später verabschiedet sich Don mit »Jetzt bin ich aber ganz schön beschwipst!« aus der Bar und flaniert durch die nächtlichen Straßen.

Vor dem Schaufenster eines Secondhandladens bleibt er stehen. »Dieschesch Kleid da musch isch haben!«, lallt er. »Un diesche Schuhe!« Don ist immer noch ein Mensch der Tat. Zwischen ihm, diesem zauberhaften roten Fummel und den sexy High Heels steht zwar eine störende Fensterscheibe, aber nicht mehr lange. Zeit fürs Coming-out! Don entledigt sich seiner Jeans und seines Sweatshirts und tritt splitterfasernackt die Scheibe ein. Dabei schneidet er sich zwar ganz eklig, aber das merkt Don in seinem Zustand kaum.

Er wirft sich in das hautenge rote Kleid, schlüpft in die Pumps und singt selig: »I am what I am. I am my own special creation!« Nun schnappt er sich noch eine schicke Handtasche und tanzt im Laden umher. »Rufus, seliger Rufus, ich werde auf dich warten!« Don stellt sich mitten in den Laden und reißt die Arme empor, im idealen Winkel für die Überwachungskameras.

Inzwischen blutet Don wirklich heftig und ruiniert dabei noch etliche Waren des Geschäfts. Außerdem torkelt er durch den Laden, stößt hier gegen einen Ständer, reißt dort ein Regal um, steht wieder auf und macht dann weiter. In nüchternen Zahlen entsteht so ein Schaden von 30 000 Dollar. Es ist keine Übertreibung, wenn der Leiter des »Goodwill Thrift Stores« später sagt: »Dieser Laden sieht aus wie ein Kriegsgebiet.«

Don zu fassen ist nicht weiter schwer. Ist ja alles auf Video. Ein Detail noch: Bei aller Transformation hat Don sich doch immer noch als echter Texaner gezeigt. Zum Kleid, den High Heels und der Handtasche trug er natürlich einen echten Cowboyhut.

Von schwarzen und bunten Bildern

Man kann sich das heute kaum noch vorstellen, aber es gab mal eine Zeit, da machte man Fotos mit einer ganz normalen Kamera, und dann brachte man den Film in ein Fotogeschäft.

– 110 –

Ein paar Tage später bekam man schließlich die Bilder. Umständlich so was. Aber dann kam die große Neuerung: Polaroidkameras. Man knipste, wartete jetzt nur noch eine bis eineinhalb Minuten – und bekam ein Foto. Das heißt, nein, man bekam nicht sofort ein Foto, auf dem man etwas erkennen konnte. Zunächst mal wurde ein schwarzes Bild ausgegeben. Aber damals wusste man noch: Mit ein bisschen Geduld wurde daraus ein richtiges Bild, auf dem man auch etwas erkennen konnte.

Das liegt allerdings inzwischen lange zurück. Darum und vor allem weil sie absolute Kinder des Handy-Zeitalters sind, wissen Denis, Kevin und Mike aus Schwerin auch nicht, wie derart fossile Geräte wie Polaroidkameras funktionieren. Aber sie wissen, dass es urcool ist, alles auf Fotos festzuhalten, das kann man später total gut bei Facebook einstellen.

Aber erst mal kommt der Einbruch in die Büros der Versicherung dran. Da lässt sich garantiert was klauen, Versicherungen haben immer Geld rumliegen, das knöpfen die schließlich allen ab, die sich versichern wollen.

Der Einbruch klappt genial, die drei sind gleich im Haus. Nur: Wo liegt jetzt die ganze Kohle? Sie gehen ins erste Büro. Öffnen die Schubladen der Schreibtische. Unglaublich, was die Leute da aufbewahren, Schokolade, Gummibärchen, Zigaretten. Gut, die packt Kevin schon mal ein, Kippen braucht man immer. Schokolade ist nicht so sein Ding, die lässt er liegen. Aber wo ist das verdammte Geld?! Er geht ins nächste Büro. Auch da wieder Süßigkeiten, Anspitzer, ein Schreibblock. Wer braucht denn so was, Blöcke, dafür gibt's doch Computer. Oder Smartphones. Mit total einfacher Notizzettelfunktion. Aber egal. Hier liegen die Hunderter zumindest auch nicht.

Aber in dem Moment kommt Denis aus einem der Nachbarbüros.

»Hast du das Geld gefunden?«

»Das nicht«, antwortet Denis, »aber guck mal, was da auf dem Tisch lag.« Er hält einen schwarzen Apparat in die Höhe. »Sieht aus wie eine ziemlich große Digitalkamera«, meint er.

»Los, stell dich mal da drüben hin«, weist Kevin ihn an. »Und gib mir die Kamera.«

Ein bisschen dauert es, bis Kevin mit dem altmodischen Ding zurechtkommt. Der Aufnahmeknopf liegt an einer ganz merkwürdigen Stelle, außerdem ist das ganze Gerät echt klobig. Aber er knipst.

Dann tauschen sie die Rollen. Kevin stellt sich vor eine der geöffneten Schubladen und Denis knipst.

»Guck mal, da unten kommt Papier raus!«, ruft Denis.

»Kannst du vergessen«, meint Kevin mit einem kurzen Blick auf das Foto. »Ist total schwarz.« Er wirft das Foto in den Papierkorb. Noch ein Versuch. Und noch einer. Aber diese Loserkamera macht nur schwarze Bilder. Die alle auf direktem Weg in den Müll wandern.

»Wo ist eigentlich Mike?«, fragt Kevin. »Einmal versuchen wir's noch. Der muss auch mit drauf. Für die Jungs nachher. Sonst denken die noch, Mike hätte sich gedrückt.«

Mike steckt im Zimmer am Ende des Gangs. »Irgendwo müssen die doch ihr Geld ...«, schimpft er, als Denis ihn holt.

»Das suchen wir nachher. Jetzt komm erst mal.«

»Die Kamera da bringt's doch sowieso nicht«, gibt Kevin zu bedenken. Aber Denis ist noch für ein, zwei Versuche.

Danach ist ohnehin Schluss, die Bildrolle ist leer. Und die Bilder sind alle nur schwarz gewesen. Jetzt haben die drei

– 112 –

immer noch kein Geld gefunden, nur Süßigkeiten und eine Kamera, die schwarze Bilder macht. So ein Mist.

Nachdem sie eine halbe Stunde weitergesucht und das Versteck mit den Millionen nicht gefunden haben, geben sie auf und ziehen sauer ab.

Denis, Kevin und Mike sind mehr als erstaunt, als sie am übernächsten Tag in der Zeitung gestochen scharfe Fahndungsfotos von sich finden. Auf dem einen ist Mike alleine zu sehen, auf dem anderen Denis und Kevin zusammen, wie sie gerade in die Kamera grinsen. Denis erinnert sich daran, wie sie die schwarzen Bilder weggeworfen haben. Woher plötzlich die Farbe gekommen ist, versteht er immer noch nicht.

Noch mal steckengeblieben

Übergewicht ist die Volkskrankheit Nr. 1. Und da braucht man gar nicht immer so mit dem Finger auf die USA zu zeigen. Auch bei uns gibt es genug Menschen, deren Body-Mass-Index nicht gerade dem Ideal entspricht. Darüber wird viel geschrieben und geredet. Aber keiner nimmt Notiz davon, wie belastend Übergewicht für einen Kriminellen sein kann. Dabei herrschen hier oft körperliche Anforderungen, von denen so ein Sesselpupser im Büro gar nichts ahnt. Bluthochdruck, Diabetes, Gelenkbeschwerden ... Davon reden alle, aber wenn es um die nackte Existenz im kriminellen Gewerbe geht, dann wird das totgeschwiegen.

Sehen wir uns einen typischen Fall an: Kalle aus Neuburg an der Donau ist ein fülliger Mann. Jetzt nicht unförmig, aber er hat schon einiges an Schwarten auf den Rippen. Sein Beruf: Einbrecher. Wäre die Rentenversicherung für ihn zuständig, dann wäre dieser Mann berufsunfähig, und Kalle bekäme eine Pension. So aber muss Kalle selber sehen, wo er bleibt und sich gehörig nach der Decke strecken. Es wachsen einem ja keine Trauben in den Mund.

Er würde gerne mal aussetzen und entspannen, aber das kann Kalle sich nicht leisten in seinem Beruf. Was für Steuerzahler das Finanzamt ist, das sind für Kalle die Hehler – was die einem abknapsen vom sauer Verdienten, das geht auf keine Kuhhaut. Eigentlich sollte man der Redaktion von »Explosiv« endlich mal einen Tipp geben.

Aber egal, Kalle lamentiert nicht, er arbeitet. Heute Abend muss er wieder ran. Sein Zielobjekt ist ein Wohnhaus, und Kalle will durch ein Kellerfenster einsteigen. Ist ja nicht das erste Mal. Vielleicht hätte er vorher nicht die Quattro Formaggi futtern sollen, aber irgendwie wird das schon schiefgehen.

Und Kalle kommt durchs Kellerfenster.

Natürlich schafft er das, er ist ja schließlich Profi. Nach oben geht es jetzt durch einen Lichtschacht. Für das Licht, aber nicht für Kalle. Zitieren wir den Polizeibericht, denn der ist an dieser Stelle schön poetisch: »Da seine körperliche Fülle offensichtlich nicht mit der lichten Weite der Schachtöffnung in Einklang zu bringen war, wurde er bei seinem Einbruchsversuch eingeklemmt.«

Da steckt der Kalle nun. Kräftig ruft er um Hilfe, aber lange hört ihn niemand. Schließlich befreit ihn aber doch die Feuerwehr aus seiner misslichen Lage. Und auch sonst hat die Geschichte ein zwar skurriles, aber glückliches Ende: Dieses Erlebnis macht Kalle bewusst, dass er dringend ein Sabbatjahr braucht oder zwei. Der Stress und die Hektik überfordern ihn inzwischen. Was für den Steuerzahler die Rente, das ist für Kalle der Knast. Endlich mal wieder Zeit zum Lesen. Die Seele baumeln lassen. Chillen. Na gut, so ganz stimmt das nicht, im Grunde ist Kalle aber ganz dankbar, dass er jetzt Muße hat, über sein Leben nachzudenken.

Missglückter Gefängnisausbruch

Wir haben uns jetzt lange damit beschäftigt, wie leicht man ins Gefängnis kommen kann, wenn man sich doof anstellt. Schauen wir jetzt, wie leicht man auch im Gefängnis bleibt, weil man den Ausbruch – sagen wir: suboptimal plant.

Der Held dieser Geschichte ist Terry. Er ist kein ganz schwerer Junge, aber auch kein Fliegengewicht. Terry hat eine alte Dame begrapscht und die Handtasche mitgehen lassen. Das Strafmaß dafür liegt in England im guten Mittelfeld.

Es ist ein frühlingshafter Tag im Jahr 2012. Terry schlendert über den Gefängnishof von Northeye. Die Luft ist lau, der Himmel blau, die Vöglein zwitschern ... Es ist ein Wetter zum durch die Natur wandeln. Wie gern würde Terry sich im Gras ausstrecken und die Wolken ziehen sehen. Früher hat er auch so gerne mal gewildert, hier einen Hasen, dort einen Fuchs, drüben ein Rehlein ... Ihm wird ganz schwermütig ums Herz.

Wie es der liebe Gott will, schickt er Terry just in diesem Moment ein Zeichen. Im Hof hält ein Lieferwagen, dessen Ladefläche mit einer Plane abgedeckt ist. »Was für ein perfektes Fluchtauto!«, durchzuckt es Terry. Er weiß nicht, womit er Gottes Gunst verdient hat, aber er bedankt sich artig, indem er ein Stoßgebet zum Himmel schickt. Blick nach links, Blick

– 115 –

nach rechts, Schulterblick – gerade guckt keiner, ideal! Terry schlüpft unter die Plane und ist ready für die Freiheit.

Er kennt den Lieferwagen sogar. Es ist das Auto des örtlichen Gemüsehändlers, der die Gefängnisküche regelmäßig mit frischem Grünzeug beliefert. Im Laderaum duftet es schon so gut nach Porree. Terry liebt Porree, aber der böse Tyler aus dem Knast klaut ihm seinen immer vom Teller. Der wird Augen machen heute Abend!

Terry liegt mucksmäuschenstill unter der Plane. Dann kommt der Gemüsehändler zurück aus der Küche, steigt ins Führerhaus und fährt auf die andere Seite der Gefängnismauer. Zwar wird der Wagen am Eingang kontrolliert, aber Terry bleibt unentdeckt. Ihm fällt es schwer, nicht laut zu jauchzen, als das Auto über die freie Landstraße fährt. Jetzt braucht er nur noch zu warten, bis der Wagen hält, und dann macht er sich unauffällig vom Acker.

Der alte Lieferwagen macht tuff-tuff-tuff und fährt über Stock und Stein. Terry wird ganz schön durchgeschüttelt. Und die Fahrt dauert auch ziemlich lang. Aber nach einer Dreiviertelstunde ist es endlich so weit – das Auto hält, und der Fahrer verlässt sein Häuschen. Freiheit, du hast mich wieder! Terry schlägt die Plane zurück und rutscht von der Ladefläche. Das – darf – doch – nicht – wahr – sein!

Terry steht im Hof des Gefängnisses von Lewes, dem nächsten Stopp des Gemüsehändlers, und schlägt mit dem Kopf gegen die Verkleidung des Wagens. Er bleibt aber nicht lange hier. Dummerweise lacht sich das Wachpersonal in Lewes erst mal schlapp über Terrys Fluchtversuch. Danach sind sie aber ganz nett und bringen ihn direkt zurück in sein eigenes Gefängnis in Northeye.

Zum Abendessen kommt er allerdings nicht mehr pünktlich. Dafür trifft er Tyler wieder. Der hat gleich eine gute Nachricht für ihn: »Heute Abend gab's Porree. Du brauchtest deine Portion ja sowieso nicht. Heute hat er besonders frisch geschmeckt.«

Auch Autodiebe sollten lesen können

Es ist ein traumhafter Maitag in Paris. In der Luft liegt Frühling, das Leben erblüht, und die Cafés stellen ihre Tische heraus. Die Frauen tragen luftige Kleider und verbreiten Frühlingsgefühle bei Jérôme und Didier. Die beiden schlendern durch die Stadt und versuchen, mit der Damenwelt zu flirten. Das Ergebnis ist ernüchternd. Keine Einzige der Schönheiten nimmt Notiz von ihnen. Vielleicht liegt das daran, dass sie erst 18 Jahre alt sind und noch ein wenig grün hinter den Ohren wirken, aber sie legen sich eine andere Erklärung zurecht. Didier hat die rettende Idee:

»Alter, wir müssen cruisen.«

»Cruisen?«

»Cruisen.«

»Und was soll das für einen Unterschied machen?«

»Alter, dann fliegen die Chicas auf uns!«

»Aber wir haben kein Auto.«

»Mann, Alter, dann organisieren wir eben eins, Alter.«

Das ist die Rettung für die sprießenden Hormone. Und wie es das Schicksal will, erblicken Didier und Jérôme kurz darauf einen Traumschlitten zum Cruisen: einen Renault Spider in Top-Zustand. Ein Ladykiller vom Feinsten. Der Wagen ist sogar zu verkaufen, was auch auf einem Schild im Fenster steht, darunter die Telefonnummer des Besitzers, beides groß und gut leserlich an der Heckscheibe. Aber kaufen wollen die beiden das Auto natürlich nicht. Erstens ist das uncool, und zweitens haben sie kein Geld.

»Alter, das ist die Chica-Schleuder! Und der Typ will die Karre sowieso loswerden. Sparen wir ihm doch die Arbeit und nehmen sie gleich mit!«, raunt Didier. Jérôme hält das für eine formidable Idee. Die beiden knacken das Auto, schließen es kurz und cruisen los.

Bevor es losgehen kann mit den Chicas, wollen Jérôme und Didier sich noch in Schale werfen, außerdem duschen, ein bisschen was Duftendes auflegen und coole Musik fürs Auto organisieren. Also fahren sie zu sich nach Hause, was ein Weg ist, weil die Kumpels nebeneinander wohnen.

Derweil hat Thierry, der Besitzer des Autos, den Diebstahl bemerkt. Sein schöner Spider! Aufgelöst läuft er zur nächsten Polizeistation und erstattet Anzeige. Der Beamte hat den Vorfall gerade aufgenommen, da klingelt Thierrys Handy. »Hallo, gerade eben bin ich an Ihrem Renault Spider vorbeigekommen. Ich interessiere mich für den Wagen.« Thierry glaubt zuerst, den Dieb am Telefon zu haben, aber der würde wohl nicht anrufen und das Auto kaufen wollen.

»Gerade eben sagen Sie? Wo haben Sie das Auto denn gesehen?« Der Anrufer nennt die Straße, in der Didier und Jérôme wohnen. Als die Polizei mit Thierry bei seinem Wagen eintrifft, kommen auch Didier und Jérôme um die Ecke, frisch geduscht und in eine Wolke von Eau de Cologne gehüllt.

Andere Diebe hätten jetzt Reißaus genommen angesichts der Polizei, aber nicht diese beiden. Sie legen sich mit Thierry an und fordern ihn auf, die Finger von »ihrem« Auto zu lassen. Schließlich können die Kumpels doch noch cruisen, allerdings in der grünen Minna.

Die Wäsche in Nachbars Garten

Manche Menschen haben alles: schöne Kleider, schöne Schuhe, einen neuen Fön, eine schicke Kaffeemaschine. Und andere haben das alles nicht. Sie kaufen in preiswerten Ketten, und ihren Kaffee kochen sie immer noch mit so einer völlig veralteten Filtermaschine. Unzumutbar das Zeug, das da herauskommt. Zwei so unterschiedliche Menschen sind Melanie T. und ihre Nachbarin Tina L. Melanie hat alles, was Tina gerne hätte.

Eines wunderschönen Junimorgens wacht Melanie auf. Sie geht in die Küche und kocht sich mit ihrer noblen Kaffeemaschine einen außerordentlich edlen Cappuccino. Den gießt sie in eine der teuren Designertassen aus der limitierten Auflage. Mit diesem Cappuccino setzt sie sich auf ihre mit Marmor ausgelegte Terrasse unter den Sonnenschirm in Champagnertönen. Die Terrasse ist etwas erhöht, von hier aus kann sie gut in Tinas Garten schauen. Und sie staunt nicht schlecht.

Denn dort hängt, frisch gewaschen, ein Harley-Davidson-Handtuch. Melanies Harley-Davidson-Handtuch, das sie seit einer Woche nirgends mehr finden konnte. Jetzt hat sie es gefunden. In Tinas Garten, auf Tinas Wäscheleine.

Melanie ist nicht nur wohlhabend, sie ist an sich auch großzügig. Aber jetzt ist Melanie ein wenig sauer. Das muss Tina eingesteckt haben, als sie kürzlich bei ihr zum Kaffee war. Und Selbstbedienung geht nicht. Sie weiß aber auch, dass man derlei Themen mit Tina nicht gut diskutieren kann, Tina hat da ein etwas eigenartiges Rechtsverständnis. Also ruft Melanie direkt die Polizei.

Die ist zwar zunächst etwas überrascht. Wegen eines

Handtuchs hat sie noch nie eine Hausdurchsuchung vorgenommen. Aber Melanie setzt ihr gewinnendstes Lächeln auf, und so machen die Polizisten eine Ausnahme. Sie durchkämmen Tinas Haus von oben bis unten.

Auf diese Weise bekommt Melanie ein rotes Kleid zurück, eine ihrer Designertassen, außerdem eine ganze Schachtel mit Schminkutensilien und silberne Schuhe, die zu ihrem ebenfalls silbernen Abendkleid gehören. Auch die hätte sie spätestens übernächste Woche im ganzen Haus gesucht, denn da will sie mit ihrem Mann auf einen Ball gehen. Da hat sich die Hausdurchsuchung doch gleich noch mehr gelohnt.

Einbrechen macht müde

Es ist der 10. Januar 2011, früh morgens um Viertel vor sechs. Karl P. und seine Frau Hilde liegen in ihren Betten und schlafen. In einer Stunde wird der Wecker klingeln, aber noch ist von Aufstehen keine Rede. Das freut Karl, der eben aufgewacht ist und einen Blick auf den Wecker neben seinem Bett geworfen hat. Gerade hat er sich wieder umgedreht, als ihm einfällt, dass er nicht ohne Grund aufgewacht war. Irgendetwas hatte ihn geweckt. Ein hupendes Auto? Aber das kommt hier im tiefsten Schwarzwald selten vor, die Leute können sich noch benehmen. Außerdem schlafen die um die Uhrzeit alle selber noch. Ein Flugzeug? Von denen wacht er normalerweise nie auf. Es war ... irgendetwas im Haus. Ein Krach, ein Poltern. Hilde schläft allerdings ungerührt weiter, und normalerweise hat sie den leichteren Schlaf als er. Überhaupt, jetzt ist es ja wieder ganz leise, vielleicht hat er bloß geträumt.

Aber die Erinnerung an das Geräusch lässt Karl nicht wieder einschlafen. Da war was, ganz sicher.

Nach einer weiteren Viertelstunde kapituliert er. Solange er nicht herausgefunden hat, ob und was da so gescheppert hat, kann er sowieso nicht wieder einschlafen. Also steht er leise auf, schließt die Schlafzimmertür hinter sich und geht nach unten.

Karl muss nicht lange suchen. Dort, mitten im Wohnzimmer, liegt jemand und schläft den Schlaf des Gerechten. Dumm nur, dass Karl und Hilde am Abend keine Gäste hatten, denen sie gesagt hätten, sie könnten es sich gerne auf dem Sofa bequem machen. Für Gäste haben sie ohnehin ein eigenes Zimmer. Und den, der da bäuchlings auf dem Sofa liegt, kennt Karl auch gar nicht. Zumindest nicht von hinten. Vorsichtig geht er näher heran. Was hat der Kerl hier zu suchen?

Karl schaut regelmäßig den »Tatort«, deshalb weiß er, dass es bei fremden Männern auf dem Wohnzimmersofa schlau ist, die Polizei zu rufen. Und genau das macht er jetzt auch.

Während er wartet, setzt er sich auf die Treppe und zündet sich eine Zigarette an. Neben sich hat er jetzt einen Tennisschläger liegen, sollte der Mann aufwachen. Aber den Anschein hat es erst mal nicht.

Und als eine Viertelstunde später die Polizei auftaucht, schläft er noch immer. Einer der beiden Polizisten beugt sich über den schlafenden Mann und schnuppert. Dann verzieht er das Gesicht. »Ach nein, Eddie mal wieder«, sagt er dann, »das riecht nach etlichen Promille.«

»Ja, wie«, meint daraufhin sein Kollege, »willst du ihn einfach weiterschlafen lassen?« Er fasst Eddie an der Schulter und rüttelt ihn.

»Verpiss dich!«, kommt es jetzt ziemlich unmissverständlich vom Sofa.

»Los, Eddie, aufstehen und mitkommen«, fordert ihn der erste der beiden auf. »Das muss sich doch jetzt wirklich nicht wöchentlich wiederholen, oder?«

»Ich hab gesagt, du sollst dich verpissen«, antwortet Eddie so charmant wie vorher.

Jetzt wird es den beiden Polizisten zu dumm. Sie packen den Einbrecher und verfrachten ihn in ihr Auto. Dann kommt der eine der beiden noch einmal zu Karl zurück.

»Eddie klaut eigentlich nie«, erklärt er, »er würde wohl ganz gerne, aber wenn er sich genug Mut für den Einbruch angetrunken hat, ist er meistens schon total fertig. Allerdings«, der Beamte sieht sich prüfend im Zimmer um, »das Chaos, das er jedes Mal macht, ist nicht unerheblich.« Karl könnte Eddie auch einen ganzen Berg von Rechnungen schicken, nur würde das wohl kaum etwas nützen. Nun denn, immerhin ist nichts weggekommen. Das ist ja schon einmal viel wert.

Facebook macht süchtig

Eine Studie der Universität Chicago hat ergeben, dass soziale Netzwerke süchtig machen können, insbesondere Facebook. Das Potenzial der Sucht ist danach sogar noch größer als bei Nikotin und Alkohol. Die Probanden der Studie waren bereit, viele Dinge in ihrem Alltag für Social Media zu vernachlässigen – nur der Wunsch nach Schlaf und Sex war größer. Ein Krankenhaus in Rom behandelt Patienten, die sogar im Urlaub keine zwei Stunden verbringen können, ohne zu kontrollieren, ob es bei Facebook Neuigkeiten gibt.

Diese Sucht kann skurrile Formen annehmen, deren Nebenwirkungen durchaus nicht unerwünscht sind. So wie bei Shane Kensington aus Gwinnett County/Georgia. Ständig muss er sich einloggen und nachsehen, was seine virtuellen Freunde so alles treiben. Hey! Ava schreibt, dass sie gerade einen Cappuccino trinkt und postet dazu noch ein witziges Bild. Das muss er sofort liken. Jeremy findet die neue Folge von »House of Cards« voll schrottig. Shane postet dazu einen Kommentar an Jeremys Pinnwand. Meredith hat ein total süßes Katzenvideo eingestellt. Sind die niedlich! Gott sei Dank, dass es Facebook gibt, sonst hätte Shane den Film nie zu Gesicht bekommen.

Das Dumme ist, dass Shane bei so viel Liken und Posten und Glotzen kaum noch Zeit findet, etwas anderes zu tun. Dabei muss er ja von irgendetwas leben. Allerdings ist der Vorteil von sozialen Netzwerken, dass sie überall verfügbar sind, vorausgesetzt, man hat einen Internet-Zugang. Im November 2013 kommt es für Shane zu einer verhängnisvollen Vermischung von Sucht und Berufsausübung. Er ist nämlich Einbrecher. Für seine Profession nutzt er meist den Freitagnachmittag, so zwischen 14 und 16 Uhr. Da ist für ihn auf Facebook noch am wenigsten los, und die Schnallen aus der Umgebung fahren in der Zeit zum Einkaufen.

Eine der Frauen aus Shanes Umkreis ist Stephanie White. Die fährt immer freitags um 14 Uhr in den Walmart und packt sich da den Kofferraum ihres protzigen Suzuki Vitara voll. Dauert jedes Mal etwa eine Stunde. Perfekt. Shane braucht nicht lange. Darum lässt er den Motor seines Ford Taunus auch gleich laufen, als er in Stephanies Haus einsteigt. Ob Darren wohl schon der neuen Gruppe für »gepflegtes Chillen«

beigetreten ist? Wie Monica wohl auf seinen Kommentar zum Miley-Cyrus-Video reagiert?

Stephanies Haus ist vorbildlich sortiert. Alles ist an seinem Platz; man braucht nur zuzugreifen. Jetzt noch ein Blick ins Schlafzimmer ... Bingo! Da steht ein Laptop, der auch noch eingeschaltet ist. Ein kurzer Blick bei Facebook muss drin sein. Shane lässt sich nieder und bringt sich virtuell auf den neuesten Stand.

Stephanie kommt an diesem Freitag früher zurück. Sie hat noch genug Vorräte von letzter Woche, die will sie erst mal aufbrauchen. In ihrer Einfahrt erblickt sie Shanes Taunus mit laufendem Motor. Im Ford sitzt niemand. Das kommt ihr sehr verdächtig vor. Sie steigt aus und ruft in Richtung Haus: »Hallo, ist da jemand?« Alle Fenster stehen auf Kipp, auch im Schlafzimmer. Shane kann sie hören, aber er ist gerade zu sehr in ein Posting an Jacky Wong vertieft. Stephanie öffnet also die Tür des Ford Taunus, zieht den Schlüssel ab und steckt noch die Brieftasche ein, die auf dem Beifahrersitz liegt.

Jetzt steigt die resolute Hausherrin wieder in ihren Wagen und fährt ein Stück die Straße hinunter, parkt das Auto, wo sie die Haustür im Blick behalten kann, und ruft die Polizei. Bevor die Cops aber eintreffen, kommt Shane aus dem Haus, voll bepackt mit Dingen, die ihm nicht gehören. Blöderweise findet er sein Auto verschlossen vor. Das kann nur eins heißen: Gefahr!

Shane lässt alles fallen und ergreift zu Fuß die Flucht. Er schwimmt durch einen See im Wohngebiet, was vollkommen bescheuert ist – jeder normale Mensch würde die Straße nehmen. Bei Second Life hat er das aber neulich auch getan, und es hat super geklappt. Am Ufer des Sees liegt ein Haus, in das Shane auch einbricht. Dort trocknet er sich mit ein paar herumliegenden Klamotten ab. Dabei entdeckt er das Prunkstück – einen nigelnagelneuen Computer. Auch wenn man auf der Flucht ist, ist das keine Ausrede, sich nicht bei seinen Facebook-Freunden zu melden. Also ran an die Kiste und eingeloggt. Wäre doch witzig, wenn ich kurz meinen Status in »auf der Flucht« ändere, grinst er, tut das aber doch nicht. Er stöbert nur ein bisschen, muss dann aber auch mal weiter. Schließlich gibt es auch noch das reale Leben. Allerdings vergisst er, sich bei Facebook wieder abzumelden, bevor er das Haus verlässt.

Die Polizei hat jetzt drei Optionen, Shane seine Taten nachzuweisen, wenn man einmal von den großzügig verstreuten Spuren seines Erbguts und seinen Fingerabdrücken absieht. Die sind doch retro. Zuerst ist da sein ordnungsgemäß auf ihn zugelassener Ford Taunus. Oder soll man sich doch lieber an seine Brieftasche mit seinen Papieren halten? Beides ist aber zugegebenermaßen auch ganz schön retro. Am hippsten erscheint doch wohl sein Facebook-Profil, das er auch noch bei seinem zweiten Einbruch aktualisiert hat.

Ermittler nennen solch eine erdrückende Indizienlast eine Beweisorgie. Kommt sehr selten vor und ist darum umso beliebter. Shane ist gerade auf Bewährung draußen, nach etlichen Einbrüchen zuvor. Diesmal schaut es nicht gut aus für ihn. Aber vielleicht darf er ja auch im Knast mal online gehen. Der Status »sitze die nächsten Jahre im Gefängnis« hat ja auch was Kultiges.

Zu viel Sonnenbaden ist gefährlich

Man sagt den Engländern nach, dass sie von Natur aus über eine vornehme Blässe verfügen. Die britische Sonne ist nun auch nicht gerade die sengendste der Welt. Aus Sicht der Isländer mögen die Engländer noch zu beneiden sein, aber auf den Britischen Inseln muss man sich des Öfteren anders behelfen als mit natürlicher Sonneneinstrahlung, um schön braun zu werden. Also legen sich Engländer wie viele andere Völker auch im Urlaub in die pralle Sonne und setzen dabei leichtfertig ihre Gesundheit aufs Spiel – oder sie brutzeln sich zu horrenden Preisen im Solarium.

Beispiel Salisbury in Südengland. Im Hochsommer herrschen hier Höchsttemperaturen von 21 Grad Celsius. Das ist nicht viel, aber es reicht. Und Glenn Dickins will auch aus ganz anderen Gründen im August 1996 in das Krankenhaus von Salisbury einbrechen. Er will Geld und »Substanzen«, denn Glenn ist mit seinen 18 Jahren bedauerlicherweise schon auf dem Weg zum Junkie. Aber er will keiner von diesen käsigen Junkies sein. Die sehen ja aus wie Computer-Nerds. Ätzend.

Als Glenn in die Klinik einsteigt, steht da diese Sonnenbank. Normale Menschen würden sich fragen: Warum steht in einem Krankenhaus eine Sonnenbank? Ist die wirklich zum Bräunen da? Sollen die blassen Patienten etwa gesünder aussehen? Nicht so Glenn. Der hält sich nicht mit solchen Fragen auf, sondern denkt: Oh, geil! Da kann ich ja auch noch kostenlos braun werden! Es ist sowieso mitten in der Nacht, und kein Schwein ist da. Er zieht sich also aus, stellt den Timer auf 45 Minuten und legt los.

Glenn stiehlt danach nichts mehr aus der Klinik. Keine

Drogen, kein Geld. Er verschwindet irgendwie. Niemand weiß, wie er jetzt überhaupt aus dem Zimmer nach draußen gekommen ist. Aber zwei Stunden später meldet er sich an der Notaufnahme des Krankenhauses. Der Arme ist über und über mit Brandblasen bedeckt und sehr wirr im Kopf. Bekleidet ist er nur mit einem Arztkittel, den er aus dem Zimmer mit der »Sonnenbank« mitgenommen hat. Die Krankenschwester am Schalter ruft die Polizei.

Die vermeintliche Sonnenbank ist eine Spezialmaschine zur Behandlung von Verbrennungsopfern. Die maximale Behandlungsdauer liegt bei 10 Sekunden. Autsch. Er trägt an 90 Prozent seines Körpers Verbrennungen dritten Grades und wird für den Rest seines Lebens von Narben gezeichnet sein. Dass er auch den Einbruch zugibt, ist schon mehr eine Nebensache. Durch seine Dummheit ist er bereits gestraft genug.

Kapitel 5

Drogen und Alkohol

Aber der Fahrer ist nüchtern!

An diesem Abend ist es wieder das alte Thema: Man hat einen über den Durst getrunken und ist mit dem Auto da. »Man«, das ist in diesem Fall Javier Morales aus The Dalles/Oregon im Mai 2012. Javier ist ein verantwortungsvoller Mann. Autos im Straßenverkehr sind ja auch eine Waffe. Nicht auszudenken, wenn er sich jetzt betrunken ans Steuer setzt. Also bleiben nur folgende Möglichkeiten: a) nach Hause laufen oder b) mit dem Bus/Taxi fahren oder c) jemanden fahren lassen, der noch nüchtern ist.

Javier braucht sein Auto morgen, zum Laufen hat er keine Lust, ein Bus fährt nicht mehr, und ein Taxi ist teuer. Also bleibt nur Variante c). Ist auch kein Problem, denn Javiers Sohn ist dabei, der noch bei ihm wohnt. Javier drückt seinem Sohn die Schlüssel des Geländewagens in die Hand, und auf geht's in die Nacht.

Das Auto kommt auch fast zu Hause an. Kurz zuvor gerät es jedoch in eine Polizeikontrolle. Den Cops fällt auf, dass das Warnblinklicht eingeschaltet ist und der Geländewagen Schlangenlinien fährt. Einmal hält er sogar mitten auf der Straße an. Dem wollen die beiden Polizisten mal auf den Grund gehen. Also stiefeln sie auf die Fahrerseite zu und erkennen mit geschultem Blick sofort das Problem.

»Sir, der Fahrer ist nicht fahrtüchtig«, adressieren sie Javier.

»Aber mein Sohn ist hundert pro nüchtern!«, ereifert der sich.

»Das mag sein, Sir, aber er sollte trotzdem kein Auto steuern.«

»Und wieso bitte nicht? Ich darf ja nicht mehr. Ich bin voll wie eine Strandhaubitze.«

»Wie alt ist Ihr Sohn, Sir?«

»Gerade ist er zehn geworden, wieso?«

Javier hat den Wagen vom Beifahrersitz aus gelenkt (was in Verbindung mit dem Alkohol zu den Schlangenlinien führte), und der Junior hat Gas und Bremse betätigt. Genau genommen, hat Javier den Lütten also nicht einmal ans Steuer gelassen. Dazu ist er auch viel zu verantwortungsvoll. Und er hat sich auch versichert, dass der Sohn mit den Füßen die Pedale erreicht – zwar gerade so, aber immerhin. Sicherheit geht schließlich vor. Für die Rückfahrt hat er sich noch ein paar kleine Absacker mitgenommen. Die Cops finden bei ihm einen Behälter mit einem Gemisch aus Bier und Tomatensaft (!) und fünf (!) leere Bierdosen auf dem Rücksitz. Das Pünktchen aufs i setzt dann noch der Junior:

»Aber Papa! Du hättest doch sowieso gar nicht fahren dürfen. Du hast doch gar keinen Führerschein.«

Die Polizisten erstaunt schon gar nichts mehr. »Stimmt das, Sir?«

»Ja, also, streng genommen ... ein richtig gültiger Ausweis ... aber ich habe eine lange Fahrpraxis.«

Die Polizei kassiert Javier erst einmal ein. Wer weiß, was da noch rauskommt. Vorläufig bleibt es bei Trunkenheit am

Steuer, rücksichtsloser Fahrweise, Gefährdung anderer Verkehrsteilnehmer und Fahren ohne Fahrerlaubnis.

Aber was passiert jetzt mit dem Sohnemann? Irgendwie muss der schließlich nach Hause kommen. Daher rufen die Cops seine Mutter an, damit sie den Kleinen abholt. Das hätte sie ansonsten auch getan, aber das sagt sie der Polizei nicht – schließlich hat sie selbst keinen gültigen Führerschein. Also darf das Kind in einem echten Polizeiwagen fahren. Zwar nicht selbst, aber immerhin.

Hilfe, ich habe kein Crack mehr!

Es ist ein schöner, sonniger Morgen im März des Jahres 2008 in Lake Charles/Louisiana. Die beiden Polizisten John Miller und Henry Parker haben zusammen Streifendienst. Sie machen, was sie an so einem Tag immer machen: schreiben Falschparker auf, winken Autofahrer heraus, die nicht wissen, dass eine rote Ampel normalerweise bedeutet, man solle stehenbleiben und warten, bis sie wieder auf Grün umspringt. Vorhin sah es fast so aus, als würden sie einen Autodieb auf frischer Tat ertappen. Der Mann hatte aber nur etwas umständlich mit seinem Schlüssel am Schloss herumgefummelt.

»Kleine Kaffeepause«, schlägt Henry vor. John nickt. Die beiden steuern den nächsten Subway an. Sie tauschen ein paar Wochenenderlebnisse aus, Henry erzählt, dass sein Jüngster jetzt auch Baseball spielt, und John stöhnt über seine Frau, die schon wieder neue Gardinen kaufen will. Alle paar Jahre müssen es neue sein, dabei sind die alten noch völlig in Ordnung. Aber die Farbe passe nicht mehr. Gelb sei jetzt out, es müsse Pink sein. »Kannst du nichts machen«, meint Henry und zuckt mit den Schultern. »Kauf neue, sonst gibt es bloß Stress.«

Dann machen sich die beiden wieder auf den Weg zu ihrem Wagen.

Als sie gerade ins Auto steigen wollen, zeigt Henry auf einen roten Ford. »Sag mal, wie lange gibt es jetzt die Anschnallpflicht?«, fragt er John.

Die beiden winken den roten Ford zu sich heran.

»Könnten Sie bitte …!«, schreit Henry und deutet auf den Lautstärkeregler des Autoradios. Der Fahrer schaut ihn etwas verständnislos an, dann dreht er die Musik ein kleines bisschen zurück.

»Darf man das nicht?«, fragt er.

Nein, Musik so laut hören, dass man die Verkehrsgeräusche um sich herum nicht mehr wahrnehmen kann, dürfe man eigentlich nicht, erklärt John an Henrys Stelle. Aber darum ginge es dieses Mal gar nicht. »Sie haben doch Anschnallgurte, oder?«

»Ja, aber Anschnallen ist echt out«, erklärt der Fahrer.

Bei der Polizei sei das noch keineswegs out, gibt Henry zurück und möchte nun gerne die Fahrzeugpapiere sehen.

»Hab ich nicht mit.«

»Führerschein?

»Auch nicht.«

Das sei schlecht, findet John. Wem denn der Wagen gehöre?

»Meiner Schwester. Die braucht den heute nicht.«

Und wie die Schwester heiße, fragt Henry. So langsam fängt sein Job an, ihm keinen Spaß mehr zu machen. Zumindest gerade. Eigentlich ist er gerne Polizist.

»Sally.«

»Sally und weiter?«

»Sally ist jetzt echt egal. Rufen Sie sie doch an.« Der Mann diktiert Henry die Nummer. Aber bei Sally-ist-jetzt-echt-egal hebt niemand ab. Also ruft John die Kollegen von der Wache an und bittet sie, das Kennzeichen zu überprüfen. Die Halterin des Fahrzeugs müsse eine gewisse Sally ... »Sally Clark«, erklärt jetzt der Fahrer gelangweilt, eine gewisse Sally Clark sein. Stimmt, erklärt ihm sein Kollege eine Minute später. Das Auto gehört Sally Clark, 33 Jahre alt. Und es ist auch nirgends als gestohlen gemeldet.

Damit ist für John und Henry die Sache fast schon erledigt, sie knöpfen dem Fahrer schnell noch eine größere Summe wegen des fehlenden Sicherheitsgurtes ab und bedeuten ihm dann weiterzufahren.

Wechseln wir den Ort des Geschehens. Sally Clark hatte gerade eingekauft und ihr Handy zu Hause liegengelassen. Aber sie erwartet einen dringenden Anruf. Ihr Stoff ist aus, und der Drogendealer ihres Vertrauens ist im Urlaub. Er hatte ihr aber vorher versprochen, einem Kollegen zu sagen, er solle sich mit Sally in Verbindung setzen. Natürlich hat er den Namen des Kollegen nicht verraten. Wäre ja auch noch schöner, wenn sich zwischen einem Dealer und seiner besten Kundin so was wie ein Vertrauensverhältnis aufbauen würde.

Wenn der Typ sich heute nicht meldet, hatte Sally vorm Einkaufen noch beschlossen, dann suche ich mir da draußen irgendeinen anderen.

Aber als sie zurückkommt, hat sie einen Anruf von einer unbekannten Nummer. Endlich, denkt Sally. Sie räumt noch schnell die Milch in den Kühlschrank, dann drückt sie auf die Rückruftaste. Da sie sonst alle Bekannten mit Namen eingespeichert hat, kann das sowieso nur einer sein, der ominöse Kollege. Also hält Sally sich nicht lange mit Floskeln auf. Am anderen Ende wird das Gespräch mit einem kurzen »Ja« entgegengenommen.

»Das hat aber echt gedauert«, sagt sie, »ich brauche Crack für 150 Dollar. Mehr hab ich zurzeit nicht.«

»Kein Problem«, erwidert die Stimme freundlich, »wo treffen wir uns?«

Sie verabreden sich für acht Uhr im Coffee-Shop unten an der Ecke. Sally ist zufrieden, das wird ein toller Abend. Sie ruft schnell noch Jack an, zu zweit wird so ein Abend gleich noch viel besser.

Sally entdeckt den Dealer schon von Weitem. Nett sieht der aus, vielleicht könnte sie sich mit dem später sogar ... Aber jetzt erst mal der Stoff.

Und höflich ist der Mann. Sie solle sich doch setzen, bittet er sie, ob er ihr einen Kaffee holen dürfe. Solche Dealer sind selten, einer mit Manieren, mit dem muss sie unbedingt mal ausgehen. Sie nimmt einen Kaffee. Dann holt sie ihr Geld heraus.

»Ich hoffe, du ...«, sie zögert. Muss man einen Mann wie diesen vielleicht doch besser siezen? »Sie ... also, ich hoffe, Sie geben mir dafür genauso viel wie Ricky.«

»Wahrscheinlich sogar noch etwas mehr«, meint der Mann mit den guten Manieren. Vor allem habe er etwas ganz anderes, viel Besseres zu bieten. Ungefähr zehn Sekunden ist Sally gespannt, was noch so viel besser als Crack sein könnte, dann sieht sie die zwei anderen Männer. Und die sehen verdammt wie Polizisten aus.

»Dann kommen Sie mal mit, Mrs. Clark«, wird sie von einem der beiden aufgefordert. Und nun nickt er dem Mann am

– 133 –

Tisch zu: »Danke Henry, klasse Arbeit.« Henry nickt freundlich zurück.

Im Auto erfährt Sally schließlich die ganze Geschichte und schwört sich, dass sie ihrem bescheuerten Bruder nie, aber wirklich nie wieder ihren Wagen leihen wird!

Körbchengröße KK

Marisa ist eine Augenweide. Die 33-jährige Spanierin ist Model und wird gebucht, wenn die Kunden eine rassige Schönheit wollen. Denn das ist Marisa. Sie ist auch ganz erfolgreich in ihrem Beruf, aber man hat ja nie so viel Geld, dass man nicht noch etwas mehr gebrauchen könnte. Und so kommt es, dass Marisa im Dezember 2011 ein Foto-Shooting in São Paulo hat und dort von Paulo auf einen Zusatzverdienst angesprochen wird. Paulo ist ihr Fotograf und im Nebenberuf Drogendealer. Er muss eine Ladung Kokain nach Italien schaffen, und Marisa fliegt ohnehin weiter nach Rom.

Nun ist Marisa im Drogenschmuggel noch unerfahren und fragt sich, wie sie den Stoff unbemerkt durch den Zoll kriegt. Paulo erklärt ihr, dass er hervorragende Erfahrungen mit Models als Drogenkurieren gemacht hat, denn die brauchen die Zollbeamten immer nur anzustrahlen und kokett mit den Augen zu klimpern, dann winken die sie durch. Männer gucken einer Frau am liebsten in die Augen.

Gesagt, getan. Marisa versteckt also 2,5 Kilogramm Kokain in Brust- und Po-Implantaten. Jetzt fühlt sie sich sicher. Darauf kommen die blöden Zollbeamten nie. Denn Männer schauen einer Frau ja nur auf zwei Körperteile – die Augen nämlich. Die Maschine landet also in Rom, und Marisa stolziert mit ihrem strahlendsten Lächeln an Giorgio und Fabrizio vorbei, die am Zoll Dienst haben. Die beiden geben später zu Protokoll, ihnen seien sofort Marisas »außerordentlich hervorstehende Kurven« aufgefallen.

Was die beiden nicht schriftlich fixieren lassen: Diese Wuchtbrumme hätten sie auch herausgewinkt, wenn nicht der leiseste Anlass zu einer Kontrolle bestanden hätte. Giorgio und Fabrizio sind nämlich keine typischen Männer, und vor allem als Zollbeamte schauen sie einer Dame auch einmal woanders hin als in die Augen. Fabrizio entfährt jedenfalls bei näherem Hinsehen ein enttäuschtes »Aber die sind ja gar nicht echt!«, und Marisa wird völlig überraschend festgenommen.

Meine Damen, hier ein Tipp: Wenn Sie schon Drogen schmuggeln wollen, dann verstecken Sie sie am besten an Orten, vor denen es Männern graust. In Ihrer Handtasche zum Beispiel. Oder in unförmigen Lammfellstiefeln.

Die vergessene Tüte

Das ist fast jedem schon mal passiert: Man ist in Gedanken ganz woanders, man hat gerade riesigen Stress mit der Arbeit. Und da ist der Regenschirm im Restaurant liegen geblieben. Mist, ausgerechnet jetzt schüttet es wie aus Eimern. Wahlweise kann in so einem Moment auch die EC-Karte im Automaten oder der Reisepass, den man eigentlich verlängern wollte, in der Behörde vergessen worden sein.

Wie gesagt, so was ist fast jedem schon mal passiert. Und jetzt, im Mai 2012, passiert es Tommy H. aus Peters Township/Pennsylvania. Er war gerade ein paar Äpfel kaufen, Mehl hat er auch noch gebraucht und Cola. Dann hat er bezahlt und die Sachen in einer Tüte verstaut. Die zweite Tüte, die er vorher schon dabeihatte, lag währenddessen im Einkaufswagen. Und da liegt sie auch jetzt noch, als Tommy schon wieder vor seiner Haustür steht.

Im Lebensmittelgeschäft, drei Straßen von Tommys Wohnung entfernt, nimmt sich inzwischen Hilary den Einkaufswagen, den vorher Tommy hatte. Und dabei entdeckt sie die vergessene Tüte. Hilary ist von Natur aus verdammt neugierig, außerdem gehört die Tüte ja momentan niemandem. Also wirft sie einen Blick hinein. Das, was sie dort findet, erinnert sie ziemlich an Marihuana, obwohl Hilary selber noch nie gekifft hat. Daneben liegen noch ein paar Pilze. Marihuana neben Pilzen ... Champignons werden das keine sein, denkt Hilary und probiert sicherheitshalber keinen. Was auch gut ist, denn diese Pilze haben tatsächlich eine stark halluzinogene Wirkung. Alles klar, sagt sich Hilary, mir gehört die Tüte nicht, ich habe die bloß gefunden, also gebe ich sie einfach im Laden ab.

Und so landet die Tüte bei Gino, dem italienischen Besitzer des Lebensmittelgeschäfts. Aber auch Gino hat kein besonders enges Verhältnis zu Drogen, er gibt die Tüte weiter an seine Tochter Angela, die sie ihrerseits – wir haben es ausnahmslos mit Menschen zu tun, die sich an die Gesetze halten – bei der Polizei abliefert. Der Polizist kauft regelmäßig in Ginos Laden, er weiß, dass auf Gino Verlass ist. Wenn der sagt, er wisse nicht, wer die Tüte mit Gras und Pilzen bei ihm vergessen hat, dann weiß Gino das nicht. Basta.

Mittlerweile ist Tommy aufgefallen, dass er vorhin im Geschäft noch zwei Tüten hatte. Und die zweite, die, die jetzt weit und breit nirgends zu finden ist, war die wichtigere der beiden. Da war nämlich jede Menge astreiner Stoff zum Rauchen drin und dazu noch diese genialen Pilze. Die hatte ihm Dan noch dazugelegt. »Probier mal«, hatte Dan gesagt, »du wirst nie wieder was anderes wollen.«

Aber jetzt kann Tommy nichts probieren, er kann nicht mal sein eigens bezahltes Gras rauchen. Scheiße, denkt sich Tommy, noch mal zurück zum Laden.

»Die Tüte«, meint Gino, »die mit dem Stoff und diesen eigenartigen Pilzen?«

»Ja«, Tommy nickt, »genau die, wo ist die jetzt?«

»Die hat Angela zur Polizei gebracht«, erklärt ihm Gino. Tommy ist zufrieden, richtig zufrieden sogar. Gino hätte das Zeug verkaufen können. Hat er aber nicht. Gino ist klasse.

Tommy geht also auf direktem Weg zur Polizei.

»Meinen Sie diese Tüte hier?«, fragt ihn der Polizist und hält sie hoch. Tommy findet, dass er ein bisschen eigenartig lächelt. So witzig ist das nun auch wieder nicht. Ja, sagt Tommy, das sei seine.

»Ich muss Sie aber bitten, den Inhalt zu identifizieren, das verstehen Sie sicher. Schließlich möchten wir nicht den Falschen ... also, wir möchten sie nicht dem Falschen geben.«

Tommy findet das sehr gewissenhaft und identifiziert Marihuana und Pilze. Eigenartigerweise bekommt er aber beides nicht zurück. Sondern stattdessen eine Anzeige wegen Drogenbesitzes.

Wiederholungstäterin

Eine Beschreibung von Wahnsinn lautet: Jemand tut immer wieder dasselbe und erwartet unterschiedliche Ergebnisse. Wenn ich als Kind einmal auf eine heiße Herdplatte fasse und nicht plemplem bin, dann weiß ich, dass ich mich wieder verbrennen werde, wenn ich das noch mal mache. Samantha Brick aus Chicago ist vielleicht nicht wahnsinnig, aber diese elementare Erkenntnis scheint zu viel für sie zu sein.

Samantha ist 2012 mit 1,3 Promille am Steuer erwischt worden. (In Chicago sind übrigens schon 0,8 Promille strafbar.) Seitdem musste sie ohne ihren geliebten Führerschein leben und hat darunter auch gelitten wie eine begossene Hündin. Doch Zeit heilt alle Wunden und Strafregister. Am 4. Mai 2013 bekommt Samantha den Lappen zurück. Party!

Samantha lädt all ihre Freunde und Bekannten via Internet zu einer Saufparty in eine schnucklige Chicagoer Bar ein und feiert dort feuchtfröhlich, dass die Fetzen fliegen. Wird ein wirklich schöner Abend. Samanthas Bekanntenkreis spuckt auch nicht gerade ins Glas. Samantha fühlt sich also in guter Gesellschaft, wird dann aber irgendwann doch müde. Das Beste am Abend kommt ja noch: Sie darf wieder fahren!

Was natürlich so nicht ganz richtig ist. Sie hat ein Dokument zurückerhalten, mit dem sie bei klarem Bewusstsein Auto fahren darf. Auf diesen feinen Unterschied spricht Stan, ihr bester Freund, der immer um Samanthas Wohlergehen besorgt, jetzt aber noch mehr hinüber ist als sie, sie an.

»Du willsochwohl nich mäh audofahnn, oder, Samantha?«

»Doch, klar, Stan.«

»Mensch, sei venüftsch, Mädschn, hastochn Lappn grade erst wieda!«

Samantha lässt sich nicht von ihrem Entschluss abbringen, was Stan weise quittiert mit: »Na, dann muschu selbscht wischn.«

Es kommt, wie es kommen muss. Samantha fährt fröhlich pfeifend durch die Nacht und wird von der Polizei angehalten. Die hat noch gar nichts davon gemerkt, dass Alkohol im Spiel ist. Samantha ist nur zu schnell gefahren. Die Cops wollen rein routinemäßig die Papiere sehen. Sie versucht es mit Flirten.

»Die Uniform steht Ihnen wirklich gut, Officer. Und Ihnen natürlich auch!«

»Danke. Führerschein und Fahrzeugpapiere, bitte.«

»Natürlich, mein Führerschein. Da bin ich aber froh, dass ich Ihnen den zeigen kann. Habe ihn nämlich heute erst zurückerhalten.« Sie kramt in ihrer Handtasche. »Und da komme ich jetzt von meiner Führerschein-zurück-Party und habe mich vielleicht noch nicht wieder ganz an die Geschwindigkeit gewöhnt.«

»Haben Sie auf der Party Alkohol getrunken, Ma'am?«

»Ja, natürlich, dazu war die Party doch da!«

»Ma'am, würden Sie bitte aus dem Auto steigen?«

»Wieso?«

»Um zu blasen, Ma'am.«

»Sie altes Ferkel!«

Samantha pustet also. Und zwar 1,5 Promille. Immerhin schon fast doppelt so viel wie die Strafbarkeitsgrenze in Chicago. Hier heißt es für Samantha erneut: Ende im Gelände mit dem Fahren. Was diesmal für sie erschwerend hinzukommt: Als sie ihren Führerschein zurückbekam, hätte sie ihr Auto mit einer Alkohol-Zündschlosssperre ausstatten müssen. Das ist ein kleines Gerät, das das Starten des Motors verhindert, wenn die Alkoholkonzentration im Atem zu hoch ist. So ein Gerät hat Samantha aber nicht.

In den USA ist man nicht gerade zimperlich mit alkoholisierten Autofahrern. Die Polizei wertet das Fehlen der Alkoholsperre als den Vorsatz, auch weiterhin betrunken fahren zu wollen. Und so droht Samantha jetzt ein Fahrverbot auf Lebenszeit. Der arme Stan muss sich übrigens am nächsten Tag noch schlimme Vorwürfe von Samantha anhören, weil er ihr nicht den Schlüssel abgenommen hat. Na ja. Das haben ja jetzt andere besorgt.

Die Polizei, dein Freund und Helfer

Was macht man, wenn man gerade betrogen wurde? Ein iPhone für 100 Euro bei eBay gekauft und dann nur einen leeren Karton erhalten hat? Auf eine betrügerische Gewinnspielhotline hereingefallen ist? Versehentlich seine PIN und TAN auf einer Website eingegeben hat, die gar nicht von der Bank stammt? Man ruft die Polizei an und erstattet Anzeige. Jeder Betrogene würde das tun.

Aber manche wären besser beraten, wenn sie es ließen.

Jane P. aus Springfield/Missouri etwa. Sie kauft nämlich im Januar 2012 bei Roy, dem Dealer ihres Vertrauens, für 40 Dollar Crack. Sie freut sich auf den Abend. Und dann das!

Es fängt schon einmal damit an, dass das Crack ein bisschen anders aussieht, weißer, nicht so gelblich-rosa wie sonst. Aber nur ein bisschen weißer, nicht viel. Und so denkt Jane erst mal gar nicht weiter darüber nach.

Eigenartig findet sie das Ganze erst, als das Zeug überhaupt nicht wirkt. Sie nimmt einen Zug, dann einen zweiten,

– 140 –

dann einen dritten. Sie wartet. Aber nichts tut sich. Sie holt das Päckchen mit dem restlichen Crack heraus. Nein, das ist wirklich viel weißer als sonst. Und es ist auch zu ungewöhnlich gleichmäßigen runden Pillen verarbeitet. Komisch. Ob sie da ... Aber Roy würde sie doch nie betrügen. Das hat er noch nie gemacht. Sie ist Stammkundin. Und jetzt erinnert Jane sich auch. Roy hatte ja gesagt, dieses Mal sei das Crack schon in lauter gleich große Pillen vorgepresst. Als besonderer Service sozusagen.

Sie probiert noch einen Zug. Dann wird sie wütend. Nichts da, Service. Das Zeug ist ganz einfach unwirksam.

Aber nicht mit ihr! Jane schnappt sich das Pseudo-Crack und fährt auf direktem Weg zur nächsten Polizeiwache.

»Hier«, sie knallt das Päckchen auf den Tresen, »überprüfen Sie das für mich!«

»Bitte«, sagt der Polizist.

»Bitte?«

»Überprüfen Sie das *bitte* für mich, so heißt das.«

»Darum geht's jetzt nicht«, giftet Jane ihn an.

Er lächelt. »Was sollen wir denn daran überprüfen? Das sieht mir nach ganz normalem Süßstoff aus. Wo haben Sie denn den Dosierspender gelassen?«

»Süßstoff?!«

»Klar.« Der Polizist nimmt sich eine Tasse, gibt eine kleine weiße Pille hinein und gießt aus einer Kanne ein bisschen Kaffee darauf. Er hält Jane die Tasse hin. »Probieren Sie mal!«

Jane trinkt. Der Kaffee ist geradezu ekelhaft süß.

»Was hätte es denn eigentlich sein sollen?«, fragt der Polizist interessiert.

Jane ist immer noch auf hundertachtzig: »Crack natürlich. Heute gekauft!«

»A-ha«, erwidert der Beamte jetzt etwas gedehnt. Nun, nach Crack sehe das zwar wirklich überhaupt nicht aus. Aber er würde die Pillen ins Labor schicken. Ob ihm Jane bitte hier Namen, Adresse und Telefonnummer aufschreiben könnte.

Das macht Jane. Und wenn sich herausstellen sollte, dass Roy ihr Süßstoff statt Crack angedreht hat, dann kann er sich auf was gefasst machen. Verklagen wird sie ihn!

Ein paar Tage später klingelt es an Janes Tür. Der Polizist, dem sie ihr Crack gegeben hatte, steht dort in Begleitung eines Kollegen. Er hält ihr einen Zettel vor die Nase. »Hausdurchsuchung«, sagt er knapp.

Jane ist entrüstet. »Bei mir? Suchen Sie doch bei Roy, ich bin hier die Betrogene.«

Aber die beiden Männer gehen an ihr vorbei in die Wohnung.

Kurz darauf kommt einer von ihnen zurück und hält ihr etwas vor die Nase. »Ihre?« Er zeigt auf die Crackpfeife in seiner Hand. Das ist der Moment, in dem Jane das erste Mal denkt, dass es vielleicht doch nicht so schlau war, mit dem Crack zur Polizei zu gehen. Aber doof ist sie nicht. Sie schüttelt jetzt nämlich den Kopf. »Nein, das ist nicht meine. Die hat Roy hier vergessen.«

»Der Mann, der Ihnen den Süßstoff verkauft hat?«

»Dann war das tatsächlich Süßstoff?«

Der Polizist nickt. »Aber das hier sieht ziemlich genau nach einer Pfeife aus, in der man Crack raucht. Und wenn die Roy gehört und Sie bei Roy Crack kaufen wollten, dann ist es eigentlich egal, wem sie gehört. Sie liegt jedenfalls in Ihrer Wohnung.«

Alles Schimpfen hilft nichts, Jane wird wegen des Besitzes von »Utensilien für den Drogengebrauch« angezeigt.

»Und Roy?«, fragt sie empört.

»Was ist mit ihm?«, fragt der Polizist zurück. »Süßstoff zu besitzen ist in den USA vollkommen legal.«

Drogen im Gerichtssaal

Ein kleines Quiz: Stellen Sie sich vor, Sie würden wegen Drogenhandels gesucht und wollten Ihre Unschuld beteuern. Was nehmen Sie auf gar keinen Fall mit in den Gerichtssaal?

a) Ihre Mutter

b) Ihr Handy

c) Drogen

Nähern wir uns der richtigen Antwort mit der folgenden Geschichte. Ihr Protagonist heißt Max Dorsey, ist 29 Jahre alt und kommt aus Jersey City in New Jersey. Er hat am 17. Dezember eine gerichtliche Anhörung in Sachen Mama. Die ist nämlich sauer auf Max und hat ein Kontaktverbot gegen ihn erwirkt. Max hat seiner Mama schon ein paarmal ein blaues Auge gehauen, und bis auf Weiteres ist jetzt erst einmal Schluss mit Sockenstopfen und Sonntagsbraten.

Haben Sie Kinder? Was ist einer ihrer Lieblingssätze? Klar: »Das ist ungerecht!« Genauso denkt auch Max. Das Gericht sagt, er dürfe sich Mama bis auf hundert Meter nicht mehr nähern. Wie unfair. Wie soll er sie denn dann hauen? Wie will sie auf die Entfernung seine Sachen bügeln? Ihm Bier bringen? So ein unsinniges Verbot muss Max anfechten.

Leider wird Max von der Polizei auch noch wegen Drogenhandels gesucht. Ein schlauer Cop entdeckt seinen Namen auf der Tagesordnung des Gerichts und bringt zur Feier des Tages gleich noch ein paar Kollegen mit. Max sitzt vor dem

Gerichtssaal und wartet, dass er aufgerufen wird. Als die Polizei eintrifft, ist gerade noch ein bisschen Zeit, also wird er durchsucht.

»Mr. Dorsey, tragen Sie irgendwelche Drogen bei sich?«

»Drogen? Mann, verpiss dich, Alter! Ich hab keine Drogen!«

»Das schauen wir uns mal an, Sir.«

»Pfoten weg, Alter! Ich bin hier wegen meiner Mama!«

»Mag sein, Sir, aber schauen wir doch mal, was in den Taschen ... hoppla!«

Die Polizei findet 1, 2, 3 ... 32 Tütchen Marihuana bei Max. Er erzählt zuerst etwas von Eigengebrauch, aber als ihm die Menge dann selbst etwas zu groß dafür erscheint, wechselt er die Strategie.

»Na gut, vielleicht wollte ich das ein oder andere Gramm kostenlos hier in der Umgebung abgeben.«

»Sie meinen nicht zufällig an den vier Schulen hier im Umkreis?«

»Doch, wieso?«

Für Dealen an Schulen sind die Strafen in New Jersey gleich noch einmal höher. Nun öffnet sich auch die Tür zum Gerichtssaal, sodass die Richterin gleich noch Zeugin der 32 Tütchen bei Max wird. Der folgende Dialog ist zwar im Rechtswesen reichlich unkonventionell, beendet die Anfechtung des Kontaktverbots aber schnell und unbürokratisch.

»Mr. Dorsey, Sie können jetzt hereinkommen.«

»Hat sich erledigt, Frau Richterin. Ich habe hier gerade andere Probleme.«

»Wie bitte?«

»Ich kann mich jetzt nicht um das Kontaktverbot kümmern, verdammt.«

– 144 –

»Darf ich das als Rücknahme Ihres Antrags werten?«

»Dürfen Sie. Ich habe so das Gefühl, dass es in den nächsten Jahren ohnehin schwierig wird, meiner Mutter zu nah zu kommen.«

Die Polizei nickt zustimmend. Und sie behält recht. Max verschwindet für die nächsten Jahre im Knast. Vielleicht besucht ihn ja Mama doch noch mal.

Kapitel 6

Mord und Totschlag

Die To-do-Liste

Jeder hat schon mal eine Checkliste angefertigt. Spätestens, wenn man den Personalausweis drei Jahre lang nicht verlängert oder sich einen ernsthaften Anpfiff vom Chef für eine vergessene Konferenz eingefangen hat, beginnt man mit solchen Listen. Sie sind auch in der Tat nützlich, man hakt das, was man bereits erledigt hat, ab und vergisst den Rest nicht. Kleiner, angenehmer Nebeneffekt: Man sieht auch, wie die Liste immer kürzer wird, und ist stolz darauf, was man schon alles geschafft hat.

Genau das denkt sich im Mai des Jahres 1996 auch Jimmy P. Jimmy ist 35 Jahre alt, Marineleutnant der US-Armee und eigentlich ein ausgesprochen friedfertiger Mensch. Aber es gibt Grenzen, auch für ihn. Eine war erreicht, als sein Kollege Larry erst seine minderjährige Tochter verführt und ihn danach auch noch um hunderttausend Dollar betrügt. Da ist klar: Larry muss weg!

Nun ist Jimmy nicht nur an sich friedfertig, er geht auch bei allem, was er tut, ausgesprochen systematisch vor. Er geht grundsätzlich kein Projekt an, ohne vorher ein ausführliches schriftliches Konzept ausgearbeitet zu haben. So auch bei dem Projekt »Larry muss weg!«.

Jimmy entwirft einen Masterplan am Computer, speichert

– 146 –

ihn sorgfältig ab und druckt ihn anschließend aus. Seine To-do-Liste sieht folgendermaßen aus:

1. Mit Larry einen Ausflug machen.
2. Mit Larry einen Kaffee trinken gehen.
3. In einem günstigen Moment Larry Gift in den Kaffee mischen. Dabei darauf achten, dass Larry seine Tasse austrinkt.
4. Die Tasse nachher gut säubern, damit nicht aus Versehen einer der Kellner auch Gift abbekommt.
5. Mit Larry wieder wegfahren. Das Gift braucht eine Stunde, bis es wirkt.
6. Wenn Larry tot ist, ihm Kopf, Finger und Zehen abschneiden. Aufpassen, dass die eigene Kleidung sauber bleibt.
7. Die Überreste auf zwei Säcke verteilen.
8. Beide Säcke ins Auto legen. Den Sack mit Kopf, Fingern und Zehen auf den Vordersitz legen.
9. Mit der Leiche nach Pennsylvania fahren. Kopf, Finger und Zehen dabei auf dem Rückweg verstreuen.

Jimmy arbeitet seine Liste ab und hakt der Reihe nach alle erledigten Punkte ab. Das klappt gut.

Dumm ist nur, dass Larry vermisst wird. Am Anfang denkt sich noch niemand etwas, weder Larrys Frau noch seine Arbeitskollegen. Larry war noch nie pünktlich, er ist auch schon mal gerne ein, zwei Tage nicht zur Arbeit gekommen, wenn ihm gerade nicht danach war. Aber nach einiger Zeit wundert man sich dann doch. Larrys Frau ruft sogar die Polizei an und erzählt ihnen, ihr Mann habe am Wochenende mit seinem Freund Jimmy einen Ausflug gemacht.

Mehr der Vollständigkeit halber, als weil irgendjemand

Jimmy im Verdacht hat, mit Larrys Verschwinden etwas zu tun zu haben, kreuzt die Polizei bei Jimmy auf. Ebenso der Form halber fragen sie Jimmy, ob sie sich mal sein Auto ansehen dürften. Natürlich dürfen sie.

Und dort, ordentlich zusammengefaltet, finden sie im Handschuhfach die To-do-Liste.

Dieses Mal war Jimmy offenbar doch nicht so perfekt wie sonst. Ein letzter Punkt hatte nämlich gefehlt:

10. Die Liste vernichten.

Schuldig. Lebenslänglich.

Auftragskiller gesucht

Was haben wir früher eigentlich ohne Facebook gemacht? Da findet man einfach alles und jeden: den nervigen Banknachbarn aus der 1. Klasse, den sabbernden Mathelehrer, die pickelige Zahnspangenträgerin aus dem Tanzkurs, den Profikiller des Vertrauens ... Na gut, es braucht ja kein Profi zu sein. Jedenfalls findet man da bestimmt auch jemanden, der zwischenmenschliche Probleme ultimativ bereinigt.

Und die 20-jährige Paris Goldon aus Philadelphia hat definitiv ein zwischenmenschliches Problem. Und zwar mit Greg, dem Vater ihrer Tochter Evelyn. Greg ist, kurz gesagt, ein blöder Penner. Während der Schwangerschaft hat er Paris mit Patricia, Sally, Juanita, Peggy, Eliza, Amanda, Theresa, Françoise und Florence (gemeinsam!), Akiko, Debby und dann wieder mit Patricia betrogen. Bei der Geburt war

– 148 –

er sowieso nicht dabei, und das Geld für Klein-Evelyns Kinderzimmer hat er an einem Abend versoffen und verhurt. Arschloch!

Das schreit nach einem Auftragskiller. Und zwar heute, am 23. Mai 2011. Nur: Woher kriegt man so einen? Paris ist ein anständiges Mädchen, zumindest wenn sie nicht gerade ihren Macker umbringen lassen will. In der Szene kennt sie sich nicht aus. Sie kennt auch niemanden, der einen kennen könnte. Aber wozu gibt es denn das Internet? Paris googelt erst einmal. Dabei kommt aber nichts Anständiges heraus. Google weiß eben doch nicht alles. Sie entdeckt nur die Seite rent-a-killer.com, und die soll satirisch sein. Hahaha. Sehr witzig. Sich über das Leid anderer Leute lustig machen, Frechheit.

Zum Glück gibt es ja noch die sozialen Netzwerke. Das wäre doch gelacht! Paris postet bei Facebook: »Ich biete einen Haufen Kohle, wenn jemand den Vater meines Kindes umbringt.« Ein wenig mulmig ist ihr schon, als sie ihren Eintrag liest. Aber anders wird sie dieses Schwein von Greg nicht los. Und das ist ihr 1000 Dollar wert. Nicht gerade viel für ein Menschenleben, aber mehr hat sie nicht, und der Markt ist sicher hart für Auftragsmörder.

Eine halbe Stunde später hat sie die erste Antwort, von einem gewissen Mortimer Cray. Paris läuft es eiskalt den Rücken runter. Ist ja wie im Thriller.

»Du brauchst nichts mehr zu sagen«, steht da. Ist Greg jetzt schon todgeweiht? Was soll das heißen: »Du brauchst nichts mehr zu sagen«? Wer ist der Kerl? Charles Bronson? Jetzt folgen aber doch noch Fragen: »Wie sieht er aus? Wo finde ich ihn?« Paris fühlt sich veralbert.

»Ich dachte, ich brauche nichts mehr zu sagen?«

Die Antwort folgt auf dem Fuß: »Willst du, dass der Kerl ins Gras beißt, oder nicht?«

Natürlich will Paris das. Aber erst einmal schaut sie sich diesen Mortimer an. Ach du Schreck! Der hat ja noch Pickel im Gesicht. Und der will ihren Greg ...? »Wie alt bist du denn?«, fragt sie den Killer in spe.

»Alt genug. 18 Jahre. Noch nie von Billy the Kid gehört?«

Hm. Vielleicht kommen ja noch andere Angebote rein. Paris wartet eine halbe Stunde. Aber da kommt nichts mehr. »Okay, dann mach's halt.«

»Brauch erst die Kohle.«

Paris seufzt und gibt Mortimer die nötigen Informationen. Eigentlich könnte er für das Geld wenigstens noch zwei von den Schlampen umbringen, die mit Greg im Bett waren, und das Flittchen Patricia könnte er auch noch foltern. Na ja. Egal. Hauptsache, Greg ist weg vom Fenster.

Gregs Mutter aber hat Paris' Gesuch auch gesehen und ruft sofort ihren Sohn an. »Greg! Du glaubst nicht, was ich gerade bei Facebook lese!« Greg schaut selbst nach und alarmiert daraufhin die Polizei. Paris und Mortimer werden festgenommen. Paris' Rechtsanwalt setzt sich stark für sie ein und argumentiert: »Meine Mandantin hat nach einem Streit mit ihrem Partner nur ihrem momentanen Ärger auf Facebook Luft gemacht.«

Paris übernimmt »die volle Verantwortung« für ihre Tat. Was soll sie auch sonst tun? Sie wird zu zwei Jahren Haft und weiteren fünf Jahren auf Bewährung verurteilt. Und jetzt kommt das Schlimmste: Das Gericht verhängt die Auflage, dass Paris sich während der Bewährungszeit von sämtlichen sozialen Netzwerken fernhalten muss. Außerdem muss sie ein Anti-Aggressionstraining absolvieren. Paris ist fassungslos. »Zwei Jahre in den Knast und danach fünf Jahre kein Facebook? Verstößt das nicht gegen alle Menschenrechte?«

Es sei noch erwähnt, dass die Sache für Greg trotzdem nicht gut ausgeht. Ende August 2011 wird er erschossen. Allerdings haben Paris und Mortimer damit nichts zu tun. Sie haben in der U-Haft ein wasserdichtes Alibi. Anscheinend stand Greg noch bei anderen auf der Abschussliste. Ob Patricia wohl ...? Oder Françoise und Florence ...?

Zu gut recherchiert ...

Veljan P. aus Mazedonien ist ein vielbeschäftigter Mann. Zum einen arbeitet er seit 2007 als Journalist bei der Tageszeitung seiner Heimatstadt Skopje. Zum anderen ist er – Serienmörder. Gleich drei Morde an Putzfrauen begeht er zwischen 2003 und 2008. Übrigens ausgesprochen grauenhafte Sexualmorde, was Veljan für eine Sammlung mit »dummen« Verbrechern fast ausschließen würde, denn Morde sind ganz allgemein wenig unterhaltsam, Sexualmorde noch weniger. Aber Veljan ist eben nicht nur Mörder, er ist auch noch eitel und so dumm, dass man es fast nicht für möglich halten würde.

Als Veljan an diesem Februarmorgen des Jahres 2008 in die Redaktion kommt, herrscht da die absolute Aufregung. Veljan weiß schon warum: Der Frauenmörder, also er selbst, hat wieder zugeschlagen. Auch dieses Mal war die Leiche in einen Plastiksack verpackt, auch dieses Mal war es eine Putzfrau.

»Gebt mir die Story«, bittet Veljan seine Kollegen. »Über Kriminalfälle habe ich früher auch schon immer berichtet,

– 151 –

das ist mein Fachgebiet.« Und als die anderen noch nicht so überzeugt wirken, immerhin arbeitet Veljan ja erst seit einem knappen Dreivierteljahr bei der Zeitung in Skopje, fügt er hinzu: »Ich bringe euch Details, da schauen die von der Konkurrenz nur dumm.«

»Dumm« ist ein gutes Stichwort. Denn dumm ist auch das, was Veljan nun macht: Er hält sich nämlich an sein Versprechen. Das heißt, er schreibt. In allen Details. Und nicht nur von diesem aktuellen Mord, sondern er holt auch die alten Putzfrauenmorde aus der Schublade, schließlich kennt er sich aus. Opfer Nummer zwei, hatte es damals geheißen, sei »mit einer bislang unbekannten Mordwaffe« erdrosselt worden. Was heißt hier unbekannt! Das weiß er besser. Es war ein Telefonkabel, und genau das schreibt er jetzt auch. Und der Mord hat auch nicht irgendwann »zwischen 5 Uhr am Nachmittag und 10 Uhr am Abend« stattgefunden. Was für Dilettanten ermitteln da eigentlich? Es war genau um 6:53 Uhr! Vorher war Opfer Nummer zwei mit einem Telefonkabel gefesselt worden. Opfer Nummer eins und nun, ganz aktuell, Nummer drei übrigens auch. Der Mörder bleibt seiner Methode treu. Und er mordet immer, absolut immer – würdet Ihr das bitte mal zur Kenntnis nehmen, liebe Kripo-Beamte – um 6:53 Uhr.

Veljan schreibt sich richtig in Fahrt, er fängt auch sofort wieder an, sich über diese Idioten bei der Polizei zu ärgern. Wofür werden die eigentlich ausgebildet? Als Nächstes fangen sie noch mit einem Fragebogen zum Ankreuzen an: *Ist das Opfer erstickt, erstochen oder erwürgt worden? Zutreffendes bitte ankreuzen.* Das Mehrheitsprinzip entscheidet dann.

Die Kollegen und der Chefredakteur sind begeistert von Veljans Artikel. Er wird groß als Aufmacher auf Seite 1 gedruckt. Das ist mal eine gründliche Recherche, die Konkurrenz wird sich umschauen.

Richtig. Die Konkurrenz ärgert sich schwarz und grün, die Auflage der Zeitung, für die Veljan P. schreibt, steigt in gigantische Höhen. Niemand weiß so viel wie dieser neue Journalist. Und spannend geschrieben ist seine Story auch noch.

Aber nicht nur die Chefetage der größten Tageszeitung von Skopje freut sich an diesem Morgen. Auch bei der Polizei ist man ganz begeistert.

Denn natürlich weiß man da längst, dass die Opfer vor ihrer Ermordung gefesselt wurden, und man weiß auch, dass das mit einem Telefonkabel geschehen ist. Und vor allem wissen sie, wer als Einziger alle Details kennen konnte: der Mörder persönlich.

Was nach Veljan P.s Festnahme passiert, kennt man schon von anderen Fällen: Niemand hätte gedacht, dass dieser freundliche, ruhige, völlig unauffällige Mann ... Außerdem, erklärt seine Frau, sei die Ehe mit ihm vorbildlich gewesen. Wahrscheinlich kannte sie nicht seine Sammlung an Pornofilmen und -heften, die die Polizei später bei ihm findet.

Am erstaunlichsten ist aber Veljan P.s Reaktion, als die Polizei in der Redaktion auftaucht: Wie sie denn darauf kämen, dass er der Täter sein könnte. Wie man denn dazu käme, unschuldige, gewissenhaft recherchierende Journalisten festzunehmen, er habe einen Informanten bei der Polizei, und den müsse er auch nicht nennen. Idiotischerweise hat er noch einige Meter Telefonkabel im Keller aufgehoben. Und vor allem kannte nicht einmal die Polizei, und damit natürlich auch kein Informant, die genaue Tatzeit der Morde. Die kannte nur einer.

Todesdrohungen via Facebook

Diese kleinen unschuldigen Kinder – manchmal sind sie gar nicht so unschuldig. Einige haben es faustdick hinter den Ohren. Wie Emilio Toca (13) aus Florida. Er wird am 27. Januar 2011 festgenommen, weil er in der Schule eine Schusswaffe bei sich trägt. Und zwar keine Luftpistole, sondern eine halbautomatische 44er Magnum.

Klein-Emilio wird also abgeführt, und sein Freundeskreis diskutiert sofort über diese Ungerechtigkeit. Gelten denn etwa die amerikanische Verfassung und das Recht auf Waffenbesitz nicht für Teenager? Hallo? Es geht hier um Menschenrechte! Und wer ist eigentlich die Ratte, die Emilio verraten hat? Die Frage gehört sofort ins Netz. Gleich nach Emilios Festnahme unterhalten sich vier Mitschüler aus seinem Jahrgang auf Facebook über diesen unglaublichen Vorfall.

Den Reigen eröffnet Shawna Gutiérrez. Sie schmachtet Emilio schon seit Langem an, hat sich aber bisher nicht getraut, sich ihm zu offenbaren. In ihrer Brust tobt ein Kampf von Shakespeare'schen Ausmaßen – Romeo und Julia sind ein Dreck dagegen. Dementsprechend dramatisch klingt ihr Posting:

»Es ist, als ob mein ganzes Leben zusammenbrechen würde ... mein bester Freund ist im Knast ... und ich fühle mich, als ob ich die Liebe meines Lebens verlieren würde. Ich gehe durch die Hölle, also scheiß drauf. Lasst mich zusammenklappen. Ich kann nicht mal mehr fühlen. Ich bin total betäubt.«

Ein spießiger, abgeklärter Erwachsener hätte vielleicht geantwortet: »Mädel – such dir doch einfach einen netten

Freund. Einen, mit dem du Händchen halten und Eis essen kannst und der keine halbautomatische Pistole mit in die Schule bringt. Ist auch nicht gut für die Lebenserwartung.«

Die Teenies bleiben aber unter sich, und für sie stellt sich immer noch die Frage nach der Ratte. Shawna beantwortet die Frage kurz nach ihrem ersten Beitrag: »Habe herausgefunden, wer Emilio verpfiffen hat. Es war Reuben.«

Reuben Torres ist ziemlich genau der Typ Junge, zu dem ein spießiger Erwachsener Shawna geraten hätte: nett, klug und respektvoll gegenüber Mädchen. Und vor allem hat er nicht das Geringste mit Emilios Festnahme zu tun. Leider ist Reuben aber unbeliebt an der Schule und daher ein gefundenes Fressen für die Mitschüler.

Colette Hendricks steigt als Erste darauf ein: »Oh-oh, du musst mir sagen, wo er ist, damit ich ihn erwische.«

Shawna ist erfreut über die Hilfe. »Okay, mach ich. Er hat meinem besten Freund das Leben ruiniert. Und ich nehme ihm seines.«

Was jetzt nicht gerade logisch ist und Colette auch ein wenig verärgert, denn eigentlich hat ja sie gerade angeboten, Reuben das Leben zu nehmen. Aber ihr Tatendrang bleibt ungetrübt: »Oh, dieser kleine Arsch ist tot. Du musst mir nur zeigen, wer das ist, dann ist er tot.«

Bühne frei für Suzanne Wilder. Sie will sichergehen, dass man ihren Beitrag nicht überliest: »ICH HELFE IHN UMZUBRINGEN! DER KLEINE SCHEISSER HAT UNSER LEBEN ZERSTÖRT. DER IST SO WAS VON TOT!«

Es entwickelt sich unselig weiter. Man muss an Schillers »Glocke« denken: »Da werden Weiber zu Hyänen/Und treiben mit Entsetzen Scherz/Noch zuckend, mit des Panthers Zähnen/Zerreißen sie des Feindes Herz.« Allerdings geht es bei den Mädels nicht ganz so lyrisch zu. Shawna schreibt weiter: »Suzanne und ich können das. Wo ist dieser Arsch?«

Colette Hendricks steigt wieder ein: »Ich weiß, wo er ist.«

Shawna weiß, was zu tun ist: »Ich bring den Arsch um!«

Gut, mit etwas Abstand und als Erwachsener kann man sagen: Da spinnen ein paar Teenies rum. Versetzt man sich aber in die Lage des Opfers, über das gerade ein Todesurteil gesprochen wurde, lässt sich eine gewisse Sorge und Vorsicht durchaus nachvollziehen. Reuben jedenfalls kriegen keine zehn Pferde mehr in die Schule. Seine Mutter hat die Drohungen bei Facebook entdeckt und gleich einen Nervenzusammenbruch bekommen. Reuben sagt der Polizei, er habe furchtbare Angst, in die Schule zu gehen, weil ihn dort jemand töten könnte. Wenn schon einmal ein Schüler eine Waffe mit in die Schule gebracht hat, könnte dies ja leicht wieder passieren.

Reuben hat Glück, weil die Mädels den IQ von Spekulatius haben, und zwar zusammengenommen. Das obige Facebook-Gespräch kann von Tasmanien bis Alaska ebenso abgerufen werden wie von Patagonien bis Sibirien. Mit den Profilen der Urheber. Die kleinen Racheengel hätten ihre Morddrohungen genauso in einem Polizeirevier aussprechen können, nur wären sie dort nicht so sauber dokumentiert gewesen. Die Polizei verhaftet die Teenager wegen schweren Stalkings.

Die Eltern von Shawna, Colette und Suzanne nehmen ihre Töchter tüchtig ins Gebet. Wie kann man nur so bescheuert sein? Für die drei geht die Sache aber noch am glimpflichsten aus. Das Gericht gelangt zu der lebensnahen Auffassung, dass sich hier nur ein paar pubertierende Teenager produziert haben. Trotzdem, Strafe muss sein: Weil die drei einen auf reumütig machen, bekommen sie nur 21 Tage Haus-

– 156 –

arrest aufgebrummt. Das Schlimmste aber: Während dieser DREI WOCHEN dürfen sie weder Facebook noch Handys benutzen. Horror!

Shawna Gutiérrez aber, die mit Emilios Festnahme die Liebe ihres jungen Lebens verloren hat, zeigt sich vor Gericht ausgemacht dickfellig. Sie fühlt sich vollkommen im Recht. Für seine Liebe muss man alles tun. Das zeigt jeder Hollywood-Schmachtfetzen. Während der Gerichtsverhandlung kaut sie gelangweilt Kaugummi, bläst ihn auf und lässt ihn platzen und schaut unbeteiligt aus dem Fenster.

An dieser Stelle soll auch einmal für Verständnis plädiert werden für jemanden, auf dem sonst immer nur alle rumhacken: den Richter. In diesem Fall heißt er Bruce Kyle. Die Göre geht ihm gehörig auf den Senkel. Schließlich verliert der ehrenwerte Richter die Contenance: »Du gehst ohne unsere Erlaubnis nirgendwohin außer zur Schule, verstehst du das? Du musst ... findest du das etwa zum Lachen? Ich könnte dich genauso gut auch einsperren, mir ist das egal!«

Der Richter ist in Fahrt, Shawna setzt immer noch ihr »Du kannst mich mal kreuzweise!«-Gesicht auf, und die Mutter dringt auch nicht mehr zu ihr durch, als sie versucht, zu retten, was zu retten ist. »Hohes Gericht, meine Tochter versteht das schon. Sie kann es nur nicht zeigen. Sie ist eben ein sehr sensibles Mädchen.«

Bruce Kyle ist immer noch auf hundertachtzig und donnert: »So sieht es für mich aber nicht aus!« Er verurteilt Shawna zu zwei Monaten Jugendarrest. Die zeigt sich auch davon unbeeindruckt. Aber als ihr klar wird, dass es auch dort weder Facebook noch Handy für sie gibt, bricht sie in Tränen aus.

Söldner und ihre Schmuckstücke

Krieg ist ohnehin schon einmal nichts Schönes. Das fanden auch die beiden ehemaligen Soldaten der Nationalen Volksarmee (NVA) Hermann N. und Martin L. Aber sehr viel mehr als Kämpfen hatten die beiden nicht gelernt, und so ließen sie sich im Jugoslawischen Bürgerkrieg als Söldner der kroatischen Armee anwerben. Das mag man gutheißen oder auch nicht. Was sie aber dort taten, lässt sich auf keinen Fall mehr als besonders lobenswert einordnen. Die beiden warben nämlich wiederum weitere Exsoldaten an.

Nur brachten sie diese Neuankömmlinge keineswegs zur kroatischen Armee. Weiter als bis ins nächstgelegene Waldstück kam keiner der frisch Angeworbenen. Dort nämlich wurde ihrem Leben ein Ende gesetzt, allerdings nicht im Kampf, sondern noch viel schlimmer. Hermann N. und Martin L. brachten die Männer dort im Wald um und nahmen ihnen Geld und Wertgegenstände ab.

Und jetzt machen wir einen Zeitsprung. Zehn Jahre später haben Talkshows Einzug gehalten ins deutsche Fernsehen. Und weil man längst nicht so viele Talkgäste hat, wie man bräuchte, kommt Herman N. auf eine neue Einnahmequelle. Der Krieg ist lange schon aus, momentan weiß er auch nicht, wo er sich sonst als Soldat verdingen könnte. Also bietet er sich Talkshows an. Mal ist er der 45-Jährige, der bei seiner Schwester eingezogen ist, weil die besser putzt als seine Freundin, mal ist er der Hausmann, der findet, Frauen sollten Karriere machen und Männer das Haus sauber halten. Hermann ist gar kein schlechter Schauspieler, man kauft ihm den Hardcoremacho genauso ab wie den Softie.

Dann eines Tages gibt er sich als Besitzer eines Geschäfts

für ausgefallenen Schmuck aus, der findet, Männer sollten Mut zur Weiblichkeit und damit zu extravaganten Halsketten haben. Um diesen Mut unter Beweis zu stellen, trägt er selber ein ebenso auffälliges wie buntes Modell.

Solche Ketten sind selten, das weiß auch Monika H. aus Würzburg. Der einzige Mann, der eine so ausgemachte Scheußlichkeit jemals getragen hatte, war ihr ehemaliger Mitschüler Josef W. Und Josef ist seit zehn Jahren verschwunden. Das Letzte, was sie von ihm gehört hatte, war, dass er sich als Söldner im Jugoslawienkrieg hatte anwerben lassen. Monika und ihre Freunde hatten sich damals an den Kopf gefasst für so viel Idiotie.

Erst zögert Monika noch, aber dann nimmt sie sich das Telefon. Wenigstens anrufen kann man ja bei der Polizei, auch wenn die einen danach für völlig bescheuert erklären. Schon weil man Talkshows schaut.

Aber der Polizist am anderen Ende der Leitung hält sie gar nicht für bescheuert, er ist sogar im Gegenteil sehr freundlich und bedankt sich für den Hinweis. Einer Datenbank entnimmt er nämlich, dass damals nicht nur Josef W., sondern mit ihm auch einige andere junge Männer spurlos verschwunden sind.

Wir kürzen hier ein wenig ab: Die Polizei ermittelt. Und sie findet – zehn Jahre nach Ende des Krieges – heraus, wohin die Spur der damals verschollenen Männer führt. Man sollte eben auch als Talkshowschauspieler immer darauf achten, welche Verkleidung man wählt, wenn man sich einem breiten Publikum zeigt.

Kapitel 7

Körperverletzung

Identifiziert dank Facebook

Schon wieder eine Facebook-Geschichte? Ja, und zwar wieder mal eine schöne! Auf diesem Wege möchten wir ausdrücklich alle Kriminellen dazu ermutigen, ihre Missetaten bei sozialen Netzwerken zu posten. Das erleichtert die Arbeit der Polizei ganz ungemein. Twittern Sie, posten Sie bei MySpace, StudiVZ & Co., stellen Sie Fotos ein! Danach können Sie dann bitte noch eine Mail an unsere Redaktion senden, dann sparen wir uns für den nächsten Band auch noch die Recherche.

Da ist die Geschichte von Suzie Battista aus Chicago. Suzie ist eine eher kräftig gebaute junge Dame, und sie kloppt sich gern mal. Auch mit Kerlen. Die Schluffis trauen sich nämlich nicht, bei einer Frau richtig zuzuhauen. Schön blöd von denen. Suzie hat da keine Hemmungen. Im April 2011 ist es dann wieder einmal so weit: eine Kneipenschlägerei! Geil.

Für so eine Gelegenheit gibt es keine bessere Waffe als ein zerbrochenes Glas. Das schlitzt richtig schön. Und so ein Glas hält Suzie in der Hand. Das zieht sie einer Tussi mit Schmackes durchs Gesicht. Ein voller Erfolg. Das Opfer muss mit 32 Stichen genäht werden. Suzie ist stolz wie tausend Russen. Gott sei Dank hat sie Fotos gemacht mit ihrem

Handy. Die sind besser als ein Skalp. Und die kriegen einen Ehrenplatz auf ihrer Facebook-Seite.

Jetzt ist aber eine Besucherin der Facebook-Seite eine Freundin des Opfers. Sie liest interessiert den Beitrag, in dem Suzie den Vorfall in allen blutigen Details beschreibt. Und dann geht alles sehr schnell. In Zeiten des Internets geht ja fast alles schnell. Jedenfalls schickt die Freundin dem Opfer eine Mail, und das identifiziert prompt Suzie als Täterin. Dann verständigt das Opfer die Polizei, die allerdings Suzie noch ganz altmodisch zur Fahndung ausschreiben muss.

Suzie hat aber auch diesmal Erbarmen mit der Arbeitsbelastung der Cops und stellt sich im Mai 2011 selbst. Wir können Suzie das nicht beweisen, aber die Vermutung liegt nahe, dass sie endlich einmal eine Schlägerei in einem Frauenknast ausprobieren will. Wir halten Sie auf dem Laufenden über die Erfolge.

Zahnärztin des Vertrauens

Bei manchen Geschichten weiß man nicht, ob sie stimmen oder ausgedacht sind. Die nun folgende ist so eine. Sie tauchte eines Tages in mehreren polnischen Zeitungen auf und kursiert seither. Fast wie seinerzeit die Märchen, nur dass das hier, wenn es denn ein Märchen wäre, ein besonders fieses wäre.

Wir fangen am besten mit einer Frage an: Gehen Sie gerne zum Zahnarzt? Vermutlich nicht. Und wenn doch, dann gehen Sie spätestens nach der Lektüre dieser kleinen Geschichte nicht mehr gerne hin. Denn Zahnärzte haben Macht.

Andererseits gibt es auch Zahnärzte, denen man besonders vertraut. Wenn zum Beispiel der eigene Partner einem die Zähne repariert, ist das nicht ganz so schlimm, als wenn es ein Wildfremder macht. So jedenfalls dachte Piotr H. Seine Freundin Magda ist Zahnärztin. Und mit seinen Zähnen ist sie immer ganz besonders sensibel umgegangen. Das fing schon mit der Betäubungsspritze an, von der Piotr fast nichts gespürt hat. Die Behandlung war auch jedes Mal so sanft, wie Zahnbehandlungen eben sein können, und nachher hatte er nie Scherereien. Bis ... ja, bis die Liebe zwischen Piotr und Magda zu Ende ging. Das heißt, seine Liebe zu ihr ging zu Ende. Er verlässt Magda und sucht sich eine eigene Wohnung.

Nun kann man sich ja alles Mögliche neu suchen: Frau, Hund, Wohnung, Arbeitsplatz. Die Zahnärztin aber wechselt man nicht leichtfertig. Das findet auch Piotr. Er und Magda sind zwei erwachsene, rationale Menschen, die Partnerschaft und Zahnbehandlung trennen können. »Klar«, sagt Magda deshalb auch, als er drei Wochen nach der Trennung bei ihr anruft. »Klar kannst du weiter zu mir in die Praxis kommen.«

Also macht er gleich für den nächsten Tag einen Termin aus.

Er kommt, Magda wirft einen Blick in den Mund und sagt: »Oh, oh!« Dann sagt sie noch etwas davon, dass das dieses Mal wohl ein bisschen schwieriger werden würde als sonst und dass sie ihm zu einer Vollnarkose raten würde. Das ist verantwortungsvoll von ihr, denkt Piotr, sie weiß einfach, was er aushalten kann und was nicht.

Er vereinbart also einen neuen Termin, zu dem Magda auch einen Anästhesisten bestellt. Was gemacht werden soll, erklärt sie ihm zwar, aber es sind eine Menge Fachausdrücke aus der Zahnheilkunde dabei, die sich Piotr gar nicht alle merken kann. Es klingt zumindest nach einer längeren Behandlung.

Er macht sich also eine Woche später wieder auf den Weg zu Magdas Praxis, dieses Mal ist auch der Narkosearzt da. Er legt ihm die Maske an und Piotr soll anfangen zu zählen. Wie weit er kommt, weiß er selber nicht mehr. Dann wacht er wieder auf. Der Mund fühlt sich ziemlich wund an, und Magda hat ihm auch das gesamte Gesicht einbandagiert.

»Psscht, jetzt nicht reden.« Sie legt den Finger auf seine Lippen. »Jetzt nimmst du dir erst mal ein Taxi nach Hause, ruhst dich aus, und dann besprechen wir das weitere Vorgehen«, sagt sie aufmunternd zu ihm. »Und nicht mit der Zunge im Mund herumfahren, hörst du«, rät sie ihm noch, als er schon in der Tür steht. »Infektionsgefahr!«

Und so macht Piotr das auch. Aber am Nachmittag möchte er dann doch einmal sehen, was Magda da genau mit seinem Mund angestellt hat. Er entfernt vorsichtig den Verband, öffnet den Mund, was gar nicht einmal besonders weh tut und stellt fest – sie hat ihm alle Zähne gezogen. Ihr Tipp, nicht zu reden, den sie ihm direkt nach der Behandlung gegeben hatte, wird jetzt vom Tipp zur Tatsache. Piotr kann nicht mehr richtig reden, zumindest nicht mehr sonderlich verständlich, so ohne Zähne.

»Ich bin normalerweise wirklich sehr professionell«, erklärt Magda später bei der Vernehmung. »Aber als er zu mir kam, da hatte ich auf einmal diese Idee. Weil ...«, jetzt schluchzt sie herzergreifend, »... er war wirklich meine ganz große Liebe und jetzt ... eigene Wohnung ... neue Frau, vielleicht, er erzählt ja nichts ...« Als sie sich wieder beruhigt hat, erklärt sie: »Jetzt muss er wenigstens für den Zahnersatz wieder zu mir kommen, da habe ich ihn dann zumindest für einige Stunden bei mir.«

Ob Piotr das macht, ist nicht bekannt. Es wäre immerhin denkbar, dass sein Vertrauen in Magda leichten Schaden genommen hat.

Angriff vor laufenden Kameras

Drehen wir die Facebook-Geschichten diesmal um und verraten vorab: In diesem Fall posten die dummen Verbrecher ihre Untat nicht im Netz. Die Banditen der guten alten Schule wissen noch, wie man es macht – bei einem Überfall sucht man sich ein dunkles Plätzchen, wo niemand zuschaut, eine finstere Gasse vielleicht oder einen verlassenen Waldweg. Das vermeidet unnötige Zeugen, und hinterher weiß niemand, wer die Übeltäter waren.

Wenden wir uns jetzt dem schönen Patterson in New Jersey zu. Es ist September 2011, und die Hauptrolle spielen drei Kleinkriminelle: Abdullah Perkins, Alfonse Quaker und Abraham Wyeth, alle Anfang 20. Sie haben einen Auftrag von ganz oben, was sie aber nicht wissen. In New York sitzt der Gangsterboss Jake, und der hat eine mafiöse Befehlskette in Gang gesetzt, indem er sich an die nächstuntere Dienststelle wandte, diese wieder an die nächstuntere und so weiter und so fort, bis dann Abdullah, Alfonse und Abraham einen Auftrag von einem gewissen Juan erhielten: Er händigte ihnen zwei Fotos aus und erteilte die Order, die beiden Abgelichteten ordentlich zu ramponieren. Wahrscheinlich geht es um ein Angebot, dass die beiden nicht hätten ablehnen sollen.

Abdullah, Alfonse und Abraham sind freischaffend. Sie

stehen auf keiner Gehaltsliste, sind ziemlich verblödet, aber brutal. Genau die Richtigen für den Job. Es juckt ihnen schon in den Fingern. Juan hat noch gesagt, der Überfall solle »ein bisschen was hermachen«. Arbeit kann ja auch Spaß machen. »Können wir eine Machete nehmen? Büttebüttebütte!«, sagt Alfonse. Sein Wunsch wird erfüllt.

Morgens um 4 Uhr im Restaurant »US Chicken« haben die drei ihren großen Auftritt. Abdullah prügelt zur Eröffnung mit seiner Pistole auf das eine Opfer ein. Abraham schlägt das andere ins Gesicht, und Alfonse geht 14-mal mit der Machete auf ihn los. Als die beiden Opfer schon längst am Boden liegen, tritt Abraham ihnen noch einmal gegen den Kopf.

Als ob das alles nicht schon schlimm genug wäre, trifft Alfonse im Eifer des Gefechts auch noch Abdullah mit der Machete. »Spinnst du?«, faucht Abdullah ihn an. »Man darf doch keine DNA-Probe zurücklassen!«

Glücklicherweise überleben die Opfer den Angriff. Alfonse hat keine Ahnung, wie man eine Machete einsetzt. Er hat sie nur bei »Indiana Jones« gesehen und findet so ein Buschmesser todschick.

Im Grunde wären die drei brutalen Idioten jetzt fertig. Da jedoch entdeckt Abdullah, dass der ganze Angriff im optimalen Winkel für die Überwachungskameras stattfand. Er wird schon panisch, aber Abraham beruhigt ihn: »Alter, überleg mal, es ist 4 Uhr morgens, da schaut eh keiner fern.« Das überzeugt Abdullah und auch Alfonse. Sie sind schon clever, die drei, dass sie ihren Überfall mitten in der Nacht durchführen. Juan wird auch zufrieden sein, und der soll ja Verbindungen bis ganz nach oben haben. Vielleicht kommen sie ja noch zu einer Karriere in Big Apple.

Wie am Anfang versprochen: Die Polizei dreht das Facebook-Spielchen um. Die Überwachungskameras haben Tat und Täter gestochen scharf festgehalten. So schöne Bilder schreien danach, ins Netz gestellt zu werden. Die Polizei postet das komplette Überwachungsvideo bei Facebook, wo es für alle vierhundert Fantastilliarden User zu sehen ist. Nun erweist sich, dass Facebook-Freunde nicht unbedingt echte Freunde sind und dass man ihnen auch nur bedingt trauen kann. Bei der Polizei gehen mehr Hinweise ein, als ihr lieb ist. Abdullah, Alfonse und Abraham werden prompt identifiziert und landen im Kittchen. Das nächste Mal orientieren sie sich besser an den richtigen Filmen. Von Bruce Lee vielleicht oder Chuck Norris. Die kommen immer ohne Knarre und Machete aus. Nicht zu vergessen: Die helfen auch immer den Guten.

Vorsicht bei Facebook-Kommentaren

Und jetzt noch einmal laut und deutlich für alle, die es immer noch nicht begriffen haben: Was man bei Facebook postet, bleibt nicht privat! Niemals. Die ganze Welt kann mitlesen, wenn man seinen Account nicht entsprechend konfiguriert! Die eigene Mutter, der Chef, die Polizei, der Bundeskanzler, der Premierminister. Jeder. Es machen zwar nicht alle, aber immer noch genügend Menschen. Auch solche, die denen, die selber nicht lesen, von dem erzählen, was sie lesen. Wie auch immer, auf Facebook ist nichts geheim.

Aber für viele ist ja auch genau das das Schöne daran. Man kann dort alles schreiben, über andere herziehen, sich beklagen, Dampf ablassen, und alle lesen mit!

Darum und weil es immer wieder so nett ist, noch eine Facebook-Geschichte. Dieses Mal heißt unser Held Martin N. (21) und lebt in Leigh Park in England.

Gemeinsam mit seinem Freund Thomas P. hatte er dessen Vater mit einem Baseballschläger und einem Knüppel geschlagen. Gut, genau genommen hatte er ihn sogar ziemlich übel zugerichtet. Übel genug, dass er dafür vor Gericht kommt. Nebenbei gesagt: Thomas' Vater war wirklich selbst schuld an den Hieben. Erst hatte er den beiden Jungs verboten, übers Wochenende mit seinem Auto wegzufahren, dann hatte er gesagt, sie sollten gefälligst ihre verdammte Musik leiser drehen, wenn sie schon zu Hause herumsitzen müssten, und zu guter Letzt hatte er sich geweigert, den beiden Steaks zu braten und ihnen im nächsten Fast-Food-Restaurant zwei Pommes-Packungen XXL zu kaufen. So was grenzt an Vernachlässigung, und irgendwie muss man sich dagegen ja wehren.

Leider sieht das die Staatsanwaltschaft ganz anders, und so landen Thomas und Martin im Juni 2012 wegen Körperverletzung vor Gericht.

Der erste Verhandlungstag sieht in etwa so aus:

Richter: »Mr. N., Sie haben im Mai 2012 gemeinsam mit Ihrem Freund Thomas P. dessen Vater mit einem Baseballschläger und einem Knüppel krankenhausreif geprügelt.«

Martin: »Hab ich nicht.«

Richter: »Und wie kommt Mr. P. dann zu dieser Behauptung?«

Martin: »Weiß ich doch nicht. Vielleicht, weil der Alte spinnt.«

Richter: »Er hat aber tatsächlich zahlreiche Verletzungen davongetragen.«

Martin: »Der kloppt sich dauernd.«

Mit anderen Worten: Martin streitet die Tat ab.

Vor Gericht. Bei Facebook sieht das schon ganz anders aus. Aber da ist er auch nicht Martin N., sondern Martin L., wenn auch mit sämtlichen Fotos von Martin N. Aber wenn da ein anderer Nachname steht, dann kann logischerweise auch niemand hinter seine wahre Identität kommen. Wobei Martin ein so schwieriges Wort wie »Identität« nicht gedacht haben wird, aber dazu später mehr.

Er ist also dort bei Facebook Martin L., und der erklärt schon vor seinem Erscheinen bei Gericht ziemlich unmissverständlich, dass er die Tat begangen hat.

Vielleicht hat Martin nicht nur Fans bei Facebook, sondern auch Feinde, vielleicht war der Anwalt von Thomas P.s Vater auch nur ein bisschen pfiffiger als der Freund seines Sohnes. Jedenfalls druckt jemand Martins Facebook-Kommentare aus und schickt sie dem Gericht. Der nächste Termin gestaltete sich dann in etwa so:

Richter: »Mr. N., was sagen Sie zu folgendem Satz: ›Ich hab dem Alten ordentlich was verpasst wegen Auto nicht leihen und kein Essen machen und so‹.«

Martin: »Das hab ich nicht geschrieben, das war Martin L.«

Richter: »Dann muss sich Martin L. erstens Ihre Fotos für sein Profil geliehen haben, und zweitens war auch er dann kürzlich schon mal bei uns. Er schreibt nämlich: ›Der Richter ist ein doofer Penner, der weiß gar nichts wegen dem Baseballschläger und dem Knüppel. Ich hab dem gesagt, ich war das nicht‹.«

Martin: »Na also. Er sagt doch, er war es nicht.«

An dieser Stelle gelangt der Richter zu der Überzeugung, dass man das Ganze etwas abkürzen könnte. Er erklärt Martin N., seine Schuld sei erwiesen. Was Martin mit einem »Na gut, aber wie haben Sie das bloß rausgekriegt?« kommentiert. Selbst Martins Anwalt muss vor so viel Dummheit kapitulieren und erklärt, sein Mandant brauche »Hilfe bei seiner Denkfähigkeit«.

Martin wird zu 46 Wochen auf Bewährung verurteilt. Sein Haus darf er in dieser Zeit nur verlassen, um zur Arbeit zu gehen. Auf Facebook schreibt er dazu: »Der Richter ist immer noch ein Penner, und ich darf nicht mehr raus, nur zum Arbeiten. Voll Scheiße so was.«

Kapitel 8

Terrorismus

Hurra, hurra, die Schule brennt!

Es folgt ein Beweis, wie humorlos die Welt geworden ist. Und wie kinderfeindlich. Alle lachen über Bücher wie Ludwig Thomas »Lausbubengeschichten« und kriegen einen ganz verklärten Blick, erinnern sich an ihre eigene Schulzeit und Kindheit, und dann erzählen sie Anekdoten und Schwänke darüber, was für Racker sie doch früher waren. Und die Kinder heute? Die finden null Toleranz vor. Gerade auch, wenn sie mal neue Wege beschreiten wollen. Sich nicht nur immer in den festgefahrenen Bahnen bewegen wollen. Dabei wollen sie Neues ausprobieren, ihre eigenen Lausbubengeschichten schreiben. Etwa mit Bombenalarm in der Schule.

Nun ist Amerika in puncto Terrorismus und Bomben ja ein ganz schwieriges Pflaster. Die Leute da sind so verkrampft, gerade wenn es um Amokläufe in Schulen oder Bombendrohungen geht. Dabei ist im Grunde alles die Schuld von Mr. Harlan. Er ist Lehrer in Nooksack Valley/Washington und unterrichtet auch den 13-jährigen Daniel. Mr. Harlan will, dass seine Schüler etwas lernen, und er gibt immer sehr viele Hausaufgaben auf. Wie haben Sie das früher gemacht, wenn Sie im Unterricht keine Hausarbeiten vorzeigen konnten? Klassische Ausreden sind ja: »Der Hund hat mein Heft gefressen.« Oder im höheren Alter: »Ich hatte einfach keinen Bock.«

Für die letzte Ausrede ist Daniel noch zu klein mit seinen 13 Jahren. Dazu hat er noch nicht den Schneid. Mr. Harlan hat übers Wochenende aber wieder einmal eine Hausaufgabe von der Länge einer Seminararbeit gestellt, und Daniel hatte einfach keinen Bock. Was aber, wenn die Schule an diesem Montag im September 2012 einfach ausfiele? Hm.

Der Lütte schleicht sich also um 6 Uhr morgens in die Diele, wo das Telefon steht. Mama und Papa schlafen noch. Daniel wählt 911. Er versucht, seine Stimme möglichst tief und kratzig klingen zu lassen. »Hallo, hier ist ein ganz gefährlicher Terrorist. In der Nooksack Middle School befindet sich eine Bombe. Freiheit für den Imperator!« Den letzten Satz hat Daniel nur gesagt, weil er irgendeinen Abschluss brauchte und zu viel »Star Wars« gesehen hat. So, das sollte für einen Tag Aufschub mit den Hausaufgaben sorgen. Daniel ist zufrieden mit sich. Schule fällt heute definitiv flach.

In der Notrufzentrale verstehen sie aber überhaupt keinen Spaß. Mit Tatütata rückt die Kavallerie in der Schule an. Sprengstoffexperten durchkämmen das Gebäude mit Bombensuchhunden. Die Lehrer und Schüler draußen sind völlig aufgelöst. Hubschrauber kreisen über der Schule, kein Mensch weiß warum, aber es sieht ganz schön dramatisch und teuer aus. Daniel hat inzwischen in aller Seelenruhe gefrühstückt und sitzt im Schulbus. Die Notrufzentrale hat das Gespräch aber inzwischen zurückverfolgt und die Polizei zu Daniels Haus geschickt.

Dort erzählen die Cops jetzt den schockierten Eltern, dass von ihrem Telefon ein terroristischer Anschlag angekündigt wurde. Daniel läuft derweil den Polizisten vor der Schule in die Arme. Dort wird er gleich verhört, wer dieser Imperator sei. Als Daniel erklärt, das sei der, der die Herrschaft in

– 171 –

der ganzen Galaxie an sich reißen wolle, kommt er gleich in die Zelle. Der Richter hat »Star Wars« noch nie gesehen und verurteilt Daniel zu vier Wochen Jugendarrest. Bei all dem Stress bekommt er seine Hausaufgaben natürlich nicht rechtzeitig fertig. Das nächste Mal sagt er einfach, dass er keinen Bock hatte und Mr. Harlan ihn mal kreuzweise kann.

Ein echter Terrorangriff

Auch Terrorismus will gelernt sein. So könnte man die Aktion zusammenfassen, die eine militante islamistische Gruppierung im Jahr 2013 in Dewsbury in West Yorkshire geplant hatte. Geplant, wohlgemerkt. Bei der Durchführung haperte es dann zum Glück ein bisschen.

Die Dewsbury Six sind eine radikale islamistische Gruppierung aus Birmingham, deren erklärtes Ziel es ist, in Großbritannien einen Krieg der Religionen anzuzetteln. Man hat sich als nächstes Ziel gesetzt, eine Kundgebung der English Defence League (EDL) anzugreifen. Das sind genau die richtigen Gegner, denn die sind eine rechtsextreme, islamfeindliche Gruppe. Sie packen also im April 2013 eine hübsche kleine Ausrüstung in ihr Auto: Messer, eine selbstgebastelte Bombe mit 400 Nägeln und Kugellagern und noch ein paar fiese Kleinigkeiten. So ausgestattet machen sie sich auf den Weg. Das wird bestimmt spannend, immerhin werden 700 Menschen für den Krawall erwartet, rechtsextreme Demonstranten, Gegendemonstranten, Polizei. Um 11 Uhr am Vormittag soll es losgehen.

Aber dann das: erst ein Stau auf der Autobahn. Der kostet sie schon mal eineinhalb Stunden. Dann brauchen sie dringend was zum Trinken, schließlich sind sie schon lange unterwegs. Aber an der Raststätte sind schon eine Menge anderer Leute, bei denen der Stau offenbar genauso einen Hunger ausgelöst hat.

Als sie endlich am Ziel ankommen, ist dort – niemand mehr. Absolute Ruhe auf den Straßen, kein Demonstrant, kein Polizist, Frieden, wohin man schaut.

Mist auch! Trotzdem, jetzt sind sie schon mal hier, dann wollen sie wenigstens noch etwas essen. Und danach machen sich die verhinderten Terroristen wieder auf den Heimweg. Die ganze Munition bleibt unangerührt im Auto liegen. So etwas ist ärgerlich. Aber nicht zu ändern. Dann setzen sie ihren Plan eben bei einer anderen Gelegenheit in die Tat um.

Was ihnen dann aber zum Verhängnis wird, ist ihr Auto. Oder eher: seine fehlende Versicherung. Beim Ausfüllen der Formulare war offenbar ein Fehler unterlaufen. Und ausgerechnet an diesem Tag gibt es eine Fahrzeugkontrolle auf der Autobahn. In die die Terrorzelle auch prompt gerät.

Das Auto wird beschlagnahmt. Aber die sechs Insassen, friedfertige junge Männer mit leicht ausländischem Aussehen, sind so nett. Sie jammern, dass sie doch pünktlich zurück in Birmingham sein müssen, Job, Termine, und sie wollen da wirklich keinen Ärger bekommen ... Also beschließt ein Polizist, die sechs freundlichen Herren zumindest direkt zum nächsten Bahnhof zu fahren, damit sie einen Zug zurück in ihre Heimatstadt nehmen können.

Umso größer ist das Erstaunen, als die Polizei zwei Tage später den Wagen öffnet: Pistolen finden sich da, Messer, Macheten, Samurai-Schwerter und Bomben. Und ganz zum Schluss entdeckt ein Kollege noch einen Zettel, auf dem zu lesen steht, man erkläre dem »ungläubigen weiblichen Teufel, der selbst ernannten Königin Elizabeth« und Premierminister David Cameron den Krieg.

Jetzt ist Schluss mit lustig. Der Premierminister ist das eine, den kann man mögen oder auch nicht. Aber gegen die Queen sagt hier keiner was!

Die sechs Männer werden festgenommen und erst mal ins Gefängnis gesteckt. Dann wird nachgeforscht. Und dabei stellt sich heraus, dass man die Gruppe schon früher ins Visier genommen hatte: Unter anderem hatten sie auf der Straße Spenden für ihre terroristischen Aktionen gesammelt! CDs mit Hetzreden des bekannten Terroristen Anwar al-Awlaki als Unterhaltung beim Autofahren machen das Ganze nicht unbedingt besser für die sechs.

Kapitel 9

Waffendelikte

Kein guter Platz für eine Waffe

Wir beginnen diesmal von hinten, passend zum Thema: Der Gefängnisarzt von Butner in North Carolina schüttelt den Kopf und murmelt: »Ei, ei, ei ...« So einen malträtierten After hat er noch nicht gesehen. Und er hat schon einiges gesehen im Gefängnis. »Wie um alles in der Welt haben Sie das gemacht?«, fragt er seinen Patienten, den Häftling Miles Blackward. Der zuckt mit den Schultern. 2012 scheint nicht sein Jahr zu sein. Dabei ist gerade mal Januar. Heute Morgen sah die Welt noch ganz anders aus ...

Miles steigt in Atlanta/Georgia in seinen Wagen. Im Radio spielen sie nette Oldies, das Wetter ist für die Jahreszeit mild, und die Straße ist so frei, wie man sich das nur wünschen kann. Gut, das Sitzen ist ein bisschen unbequem, aber das ist ja nicht für ewig. Mist! Miles sieht Blaulicht hinter sich. Die meinen doch wohl nicht ihn?

Doch, meinen sie. Miles fährt ran, die Polizisten klopfen an sein Fenster.

»Sie sind zu schnell gefahren, Sir. Würden Sie bitte mal aussteigen?«

Das ist jetzt suboptimal, denkt Miles. Er fuchtelt mit den Armen, verschließt Fenster und Türen und ruft: »Behinderung! Ich kann den Wagen nicht verlassen.«

– 175 –

»Sir, bitte machen Sie keine Probleme und steigen Sie aus.«

Miles versucht es mit dem Mut der Verzweiflung. Er öffnet die Tür ruckartig und erwischt einen der Cops. Der ist aber nicht besonders beeindruckt davon, und sein Kollege zückt mit einem »So, nun reicht's aber!« seinen Elektroschocker und schickt Miles ins Reich der Träume. Als die Cops das Auto durchsuchen, finden sie Marihuana und Utensilien zum Konsum. Als sie seine Personalien überprüfen, stellen sie fest, dass er in Atlanta wegen Mordes gesucht wird. Miles wird pro forma festgenommen, soweit man einen Bewusstlosen festnehmen kann, und erwacht im Knast.

Haben Sie auch immer diese ollen Petzen in der Schule so gehasst? Nicht einmal im Gefängnis ist man vor denen sicher. Einige Stunden nach Miles' Einlieferung wendet sich sein Zellengenosse Carl an einen Wärter: »Also, der Neue, der ist mir unheimlich. Sie haben den doch genauso durchsucht wie uns alle, oder?« Butner ist immerhin ein Bundesgefängnis, und Carl sitzt, weil er drei Männern die Kehle aufgeschlitzt hat – wenn dem etwas unheimlich ist, schaut man besser mal nach. Und tatsächlich: In Miles' Toilette schwimmt eine großkalibrige Pistole.

»Können Sie den bitte woanders hin verlegen?«, fragt Carl. »Ich fürchte mich vor ihm.« Miles bleibt, wo er ist, wird aber erst einmal ausführlich verhört. »Mann! Ich hab das Ding in meinem Bett gefunden und es dann ins Klo geworfen. Ich hatte doch Angst, dass mir einer hier das Leben nehmen will!«

Und damit sind wir wieder am Beginn der Geschichte. Der Gefängnisarzt kratzt sich am Kopf und sieht abwechselnd auf die Pistole und Miles' Anus. Er wiederholt seine Frage: »Wie

– 176 –

haben Sie sich eine Waffe von 25 Zentimetern Länge in den Enddarm eingeführt? Drogen habe ich hier schon rausgeholt, Lebensmittel, Kosmetik, meinetwegen auch mal eine Feile – aber so was? Ist die Waffe eigentlich geladen?«

Nein, ist sie nicht. Einen Schuss im Hintern wollte Miles nicht auch noch riskieren. Aus reiner Neugier testet die Polizei aber später noch die Funktionsfähigkeit der Pistole. Jawoll. Funktioniert 1a. Übrigens ist es dieselbe Waffe, mit der der Mord in Atlanta begangen wurde. Wird schwierig für Miles, sich da rauszureden.

Volltreffer

Was macht ein echter Mann mit Waffen? Richtig. Er schießt damit. Oder er verkauft sie. Oder er macht gleich beides.

Eines schönen Morgens im Juli 2012 wacht Paul K. in Watonga/Oklahoma auf und findet, dass er in seinem Job als Mitarbeiter eines Möbelgeschäftes zu wenig verdient. Definitiv. Er ist ein Mann mit Ansprüchen, vor allem was die Hifi-Anlage betrifft, und da sind seit Längerem schon neue Boxen fällig. Paul liegt also im Bett, sieht zur Decke und rechnet nach. Von dem Geld, das er für diesen Monat noch übrig hat, sind neue Lautsprecher nicht drin. Von dem, was er im nächsten Monat verdienen wird, auch nicht. Und vom Einkommen des übernächsten Monats auch nicht. Eigentlich überhaupt nicht. Sein Gehalt reicht gerade für die Miete, Essen und für Kleidung. Ärgerlich ist so was. Andere Leute können sich schließlich auch mehr leisten. Er könnte natürlich noch einen Nebenjob annehmen, etwa bei McDonald's. Viele seiner Bekannten machen das. Ein Wochenende pro Monat zusätzliche Arbeit, und es wäre ab und zu ein bisschen Luxus drin. Aber wenn er so genau darüber nachdenkt, zahlen die Fast-Food-Ketten doch zu schlecht. Er könnte auch Prospekte austragen oder ab und zu im Supermarkt aushelfen. Aber es ist doch überall dasselbe: Ausbeutung, wohin man schaut.

Aber Paul ist kreativ. Es muss bessere Möglichkeiten geben, mit höherem Einkommen. Und vor allem soll das Ganze einfach sein. Nichts, wofür man sich auch noch verausgaben muss. Waffen! Das ist die Idee. Er macht ab jetzt in Waffenhandel. Er weiß auch schon, wie das geht, denn er hat ein paar Erfahrungen aus dem Einzelhandel mit Drogen. Das ist jetzt zwar schon einige Jahre her, aber aus dieser Zeit kennt er da noch einen, der einen kennt, der wieder einen kennt. Und der weiß, wo man Knarren bekommt. Der weiß auch garantiert, wie man die weiterverkaufen kann.

Paul steht auf und macht sich Frühstück. Er hat jetzt richtig gute Laune. Vielleicht braucht er den Job im Möbelgeschäft bald gar nicht mehr. Es ist ja ohnehin ziemlich dämlich, jeden Tag pünktlich zur Arbeit zu erscheinen, wo man sich die Arbeitszeit genauso gut selber einteilen könnte. Paul macht sich einen Toast, dann nimmt er das Telefon.

Er hat richtig vermutet. Es dauert eine Stunde, dann ruft ihn ein gewisser Paco an und gibt ihm einen Treffpunkt durch. In einer halben Stunde vor dem kleinen Supermarkt drei Straßen weiter. Und er solle das Geld abgezählt dabeihaben. Das Geschäft läuft richtig gut an.

Paco kommt nicht selber zum Treffpunkt, aber er schickt einen Freund, der Paul sagt, er solle ihn Moody nennen. Paul erhält seine Knarre. »Wenn du wieder was brauchst«, erklärt ihm Moody, »dann ruf diese Nummer hier an.« Er drückt ihm einen Zettel in die Hand. Genial! Paul wird ganz groß einsteigen.

Jetzt muss er nur noch einen Käufer für seine Waffe finden.

Aber auch das stellt sich als nicht allzu schwierig heraus, ein paar weitere Telefonate, und schon hat er einen neuen Treffpunkt. Gut, der Gewinn ist nicht allzu hoch, genau genommen verdient er nur 20 Dollar am Weiterverkauf, aber er fängt ja auch gerade erst an mit dem Job. Er muss sich noch einarbeiten. Die 20 Dollar wird er auf alle Fälle in die große Spardose legen, das ist der erste Schritt auf dem Weg zu den neuen Lautsprechern.

Aber Paul arbeitet auch hauptberuflich im Handel. Er weiß, dass zufriedene Kunden die wichtigste Empfehlung für die Zukunft sind. Also sollte er die Waffe wohl mal testen, bevor er sie weiterverkauft.

Dumm ist nur, dass Paul bis zu diesem Zeitpunkt noch nie eine Waffe in der Hand hatte. Er nimmt sich die Knarre, legt sie in den Schoß, dreht sie, fummelt ein bisschen am Abzug herum und ... oh verdammt! Es tut weh, ganz fies sogar. Dort, wo sich Pauls kostbarstes Stück befindet.

Paul wartet, aber der Schmerz wird nicht weniger. Nicht zu ändern, er muss damit zum Arzt, am besten gleich in die Notaufnahme. Die Waffe lässt er sicherheitshalber zu Hause.

Was allerdings nicht nötig gewesen wäre, denn die Ärzte in der Ambulanz wissen ziemlich genau, wie Schusswunden aussehen. Das Einzige, was sie etwas wundert, ist die Tatsache, dass sich diese hier im Genitalbereich befindet. Dort nicht hinzuschießen, gehört doch eigentlich zum Ehrenkodex, selbst unter Verbrechern.

»Wer hat auf Sie geschossen?«, fragt Doktor Clark.

– 179 –

»Keiner«, antwortet Paul. Und eigentlich, denkt er, stimmt das ja sogar. Die Waffe ist irgendwie von selbst losgegangen.

Doch Doktor Clark bleibt hartnäckig: »Irgendjemand hat auf Sie geschossen.«

Aber Paul schüttelt bockig den Kopf. Er steht gerade am Anfang einer großen Karriere als Waffenhändler, da wird er doch nicht so blöd sein ...

Es dauert genau zehn Minuten, dann sind zwei mittelmäßig nette Polizisten in der Ambulanz. »Sie können uns jetzt freiwillig sagen, woher Sie die Schussverletzung haben, oder wir ermitteln.« Ermitteln hört sich gar nicht freundlich an, findet Paul. Und da er sich ja tatsächlich mit niemandem eine Schießerei geliefert hat, erzählt er also. Allerdings behauptet er, er habe die Waffe für sich selber besorgt. »Man kann sich ja heute gar nicht mehr genug absichern. Besser, man hat so ein Ding zu Hause.«

Aber dann fangen die beiden fiesen Polizisten doch noch an zu ermitteln. Und finden sehr schnell heraus, dass Paul mal angeklagt war wegen Drogenhandels. Und dass er deshalb überhaupt keine Waffe besitzen darf.

Jetzt hat Paul gleich dreifachen Ärger: Er darf erstens keine Waffe besitzen. Und weil er das nicht darf, muss er sie bei der Polizei abgeben, kann sie also zweitens auch nicht verkaufen. Drittens hat er jetzt eine Anzeige am Hals wegen unerlaubten Waffenbesitzes. Mist. Dabei hatte die neue berufliche Laufbahn so was von gut angefangen.

Kapitel 10

Vermischtes

Anschlag auf die Lachmuskeln

Als Familienvater muss man sich nach der Decke strecken. Das Geld wächst ja nicht auf Bäumen. Mustafa Maliki aus Crawley/Sussex weiß ein Lied davon zu singen. Er hat zwei Söhne, und was die alles für Wünsche haben ... ungeheuerlich. Alles soll nur vom Feinsten sein. Das haben die Blagen von seiner Frau Hatice. Die verlässt ohne Versace und Smartphone der neuesten Generation gar nicht das Haus. Ursprünglich war Mustafa ja mal Dachdecker, aber dann musste er – aus reiner Notwehr! – ins Drogengeschäft einsteigen. Um die Rechnungen bezahlen zu können! Und ohne Schutzgeld-Erpressung könnte er die laufenden Ausgaben gar nicht mehr bestreiten.

Täglich ist Mustafa auf Achse, verkauft hier ein paar Tütchen Koks und erklärt dort mit Engelsgeduld einem Wirt im Pub, wie gefährlich die Gegend ist und wie sehr man aufpassen muss. Nur um sich dann abends das Gekeife seiner Alten anzuhören. Ätzend. Und dann gibt es da auch noch diesen Wirt im »Grover's Inn«. Blöder Penner! Mustafa hat mit Engelszungen auf ihn eingeredet, hat seine Kumpels mitgebracht, ein bisschen was zerdeppert, aber der blöde Sack will einfach nicht zahlen. Am liebsten würde Mustafa ihm Hatice auf den Hals hetzen, aber es gibt Regeln, und das wäre eine Spur zu hart.

– 181 –

Also entscheidet Mustafa sich für die altmodische Tour: handfeste, ehrliche Gewalt. Er und ein Kumpel postieren sich im Mai 2013 vor dem »Grover's Inn« und bringen ein paar Pflastersteinchen mit. Mustafa wiegt sie in der Hand. Gutes Gefühl. Dann schleudert er zwei davon gegen die Glastür des Pubs. Der folgende Teil sieht auf den Überwachungskameras aus wie ein Slapstick-Film: Die Tür ist nämlich aus Plexiglas. Folglich prallen die Pflastersteine ab, und Mustafa muss flugs zur Seite springen.

Woraufhin der Komplize einen Molotowcocktail gegen die Tür wirft. Der aber – Überraschung! – auch abprallt und explodiert. Der Blitz blendet Mustafa vorübergehend, der ziellos umherirrt und mit dem Kopf einen Laternenpfahl rammt. Dadurch ist Mustafa erst recht verwirrt. Er taumelt in eine Arztpraxis in der Nähe, wo der Doktor eine gute Idee hat: Narkosespritze. Mustafa schläft wie ein Baby. Der Arzt ruft die Polizei, und als Mustafa erwacht, blickt er durch schwedische Gardinen.

Die Geschichte hat aber auch etwas Gutes für Mustafa – die nächsten acht Jahre hat er Ruhe vor Hatice. Und die Weiterbildungsangebote im Knast sind auch nicht zu verachten. Wer weiß, vielleicht klappt es ja nach der Entlassung wieder mit einem geruhsamen Leben als Dachdecker?

Der Reifenschlitzer

Würden Sie versuchen, an einem Preisboxer den Tatbestand der Körperverletzung zu erfüllen? Einem Pfarrer während der Kommunion die Hostien klauen? Schwere Beleidigungen gegenüber einer Horde von Motorradrockern äußern? Ins Haus eines Mafia-Paten einbrechen? Sehen Sie. So was macht man nicht. Aus gesundem Selbstinteresse.

Sie meinen, das ist ja weit hergeholt? Niemand ist so blöd und begeht eine Straftat, die entweder von vornherein zum Scheitern verurteilt ist, die sofort entdeckt oder empfindlich geahndet wird? Schau'n wir mal. Machen wir eine Reise nach Tempe/Arizona. Es ist Juli 2013, gegen 2 Uhr morgens. Durch die nächtlichen Straßen spaziert Chick Hunter und ist nicht – wir wiederholen: kein bisschen – betrunken. Er ist immer so wie jetzt.

Gut, vielleicht ist er heute ein klein bisschen frustriert. Sein Boss hat ihm gekündigt, danach hat ihn seine Freundin verlassen, und außerdem hat sein Football-Team schmachvoll verloren. Ach ja, und er hat entdeckt, dass sein Hund schwul ist. Darum trägt er jetzt auch ein Messer bei sich. Ursprünglich wollte er damit Ramirez eine verpassen, der ihm die Freundin ausgespannt hat, aber der hat den schwarzen Gürtel in Karate. Ein Angriff von Chick mit dem Messer beeindruckt den wohl nicht so. Wahrscheinlich lacht der sich eher schlapp.

Dann wollte er sich an seinem Chef für die Kündigung rächen, aber der zog nur seine Knarre und sagte: »Verpiss dich, du Würstchen!« Das Football-Team hat auswärts gespielt, und die Jungs wären sicher auch wieder gemein zu ihm, wenn er da mit seinem Messer auftauchte. Alles untaugliche Objekte also für seinen Frust. Er braucht etwas, was sich nicht allzu arg wehren kann. Hm.

Da schickt ihm eine göttliche Fügung ein geeignetes Opfer: ein Auto am Straßenrand. Dem wird er jetzt die Reifen aufschlitzen. Gut, es ist ein Polizeiauto, aber Chick hat noch nie etwas von falscher Autoritätsgläubigkeit gehalten. Polizisten sind auch nur Menschen, und vor allem sind sie nicht so gefährlich wie Ramirez, sein Boss und das Football-Team. Gut, der Motor des Polizeiwagens läuft, und da sitzt auch ein Kerl drin, der könnte sogar ein Cop sein, aber der füllt gerade ein Formular aus, der merkt garantiert nichts.

Gedacht, getan. Chick legt seine gesamte Wut dieses verfluchten Tages in einen beherzten Stich. Das tat gut! Endlich hat er sich abreagiert. Durch das Polizeiauto geht ein ganz schöner Ruck, als die Luft aus dem Pneu entweicht, aber das hat der Cop bestimmt nicht gemerkt. Der ist so vertieft, der muss ja seinen Bericht schreiben. Erleichtert will Chick sich von dannen trollen. Zu seiner Überraschung hört er aber schon nach drei Schritten eine Stimme hinter sich: »Was glauben Sie eigentlich, was Sie da gerade gemacht haben?«

Chick dreht sich um, zieht die Schultern hoch und hebt das Messer. »Ich hatte heute echt einen Scheiß-Tag. Und ich dachte auch, Sie merken das gar nicht.«

Dem Cop ist Chicks Verhalten schon unheimlich. »Sind Sie irre, Mann?« Er weist Chick an, das Messer fallenzulassen. »Tragen Sie noch irgendwelchen Sprengstoff am Körper? Sind Sie ein Terrorist? Wollen Sie die Regierung stürzen?«

Chick zuckt wieder mit den Schultern. »Nö, gegen die Regierung habe ich ja gar nichts. Ich habe mich nur nicht an Ramirez rangetraut.«

Mein Bruder war's!

Haben Sie einen Bruder oder eine Schwester? Und haben Sie als Kind manchmal Ärger bekommen? Weil irgendjemand heimlich die ganze Packung Schokolade gegessen hat? Weil durch das gesamte Haus Tapser von Kinderschuhen führten, und das eine Stunde, nachdem gerade geputzt worden war? Und natürlich sind Sie dafür ausgeschimpft worden, immer nur Sie. Obwohl Sie das fast nie waren, sondern Ihr Bruder oder Ihre Schwester. Und wenn es doch zur Abwechslung einmal Sie selber waren, dann haben Sie die bewährte Taktik angewendet: »Das war ich nicht. Das war …« Und: Haben Ihre Eltern Ihnen geglaubt? Wahrscheinlich nicht.

Genauso ergeht es im Jahr 1996 dem armen Christoph in Winnipeg/Kanada. Er fährt zu schnell und wird von der Polizei gestoppt. Und sofort wird sein Trauma aus Kinderzeiten wieder wach: Immer bekomme ich den ganzen Ärger! Immer ich. Das ist so fies.

Dabei war ich das gar nicht.

Genau das sagt Christoph jetzt auch der Polizei: »Wieso soll eigentlich immer ich schuld sein?«

»Wer außer Ihnen sitzt denn noch in dem Auto?«, fragt der Polizist zurück.

Aber Christoph hält sich an die Taktik aus seiner Kindheit: »Ich war das nicht!«

»Nicht?«

»Nein!« Christoph schüttelt heftig den Kopf.

Der Polizist hat selber zwei Söhne, fünf und sieben, ihm kommt das Ganze ziemlich bekannt vor. Deshalb ist er jetzt auch besonders geduldig. »Gut. Dann geben Sie mir doch mal Ihre Personalien.«

»Ich habe keinen Personalausweis dabei.«

»Dann geben Sie mir einfach Ihren Namen, ich kann das sehr schnell telefonisch überprüfen lassen.« Er holt schon einmal sein Handy aus der Tasche. »Ist doch besser, als jetzt mühsam mit mir zur Polizei zu kommen.«

Christoph denkt eine Weile nach. Mit zur Polizei zu kommen ist tatsächlich doof. Und vor allem: So kann er den Namen seines Bruders angeben. Der verdient ohnehin viel mehr als er, dem macht so ein Bußgeld nichts aus. Außerdem hat damals immer er, Christoph, die Schuld für alles bekommen, jetzt ist Simon dran.

»Na gut«, sagt er deshalb und gibt dem Polizisten Namen und Adresse von Simon.

Der gibt die Angaben per Telefon weiter. Dann hört Christoph ihn »Ja ...« ins Telefon sagen und »Hm ... das ist ja ... Gut, wir sind in zehn Minuten da.« Als er auflegt, hat er einen ziemlich ernsthaften Gesichtsausdruck. »Ich muss Sie nun doch bitten mitzukommen«, sagt er dann. »Gegen Sie liegt eine Strafanzeige wegen Vergewaltigung vor.«

Simon, denkt Christoph jetzt, du widerlicher alter Mistkerl. Jetzt muss schon wieder ich den Scheiß ausbaden, den du verzapft hast.

Es ist wirklich alles wie früher.

Die Hunderetter vom Dienst

Wenn die Polizei der Dumme ist, ist die Polizei hinterher nie der Dumme. Nicht einmal, wenn sie dümmer ist, als die Polizei erlaubt. Schließlich ist sie die Staatsgewalt. Eher noch spielt sie später den Oberlehrer, als zu sagen: »Sorry, lieber Bürger. Da haben wir echt mal Mist gebaut.«

Im englischen Nottinghamshire meldet ein besorgter Passant der Polizei im April 2012, dass in einer Nebenstraße ein Mercedes stehe, in dem ein Hund liege, auf den die sengende englische Aprilsonne scheine. (An diesem Tag ist es

18 Grad heiß. Tropische Verhältnisse in Nottinghamshire.) Der Hund, ein King Charles Spaniel, liege auf dem Rücksitz und gebe kein Lebenszeichen von sich.

Die Polizei von Nottinghamshire ist bekanntermaßen tierlieb, also rückt eine Streife aus, um dem Hund zu helfen. Der aufmerksame Passant hat bereits mitgeteilt, dass Herrchen und Frauchen nirgendwo zu entdecken sind. Die Bobbys klopfen also an die Scheibe des Mercedes und versuchen den Hund zu wecken, aber der rührt sich nicht. Die tierlieben Beamten wissen sich nicht anders zu helfen – sie schlagen die Scheibe ein, um den ohnmächtigen Spaniel zu befreien.

Um an dieser Stelle nicht falsch verstanden zu werden: Es sei ausdrücklich begrüßt, wenn Polizei und Bürger gequälten Tieren helfen, und eine doofe Autoscheibe darf kein ernstzunehmendes Hindernis sein. Unseren Bobbys aus Nottinghamshire wird jetzt jedoch klar, dass der ohnmächtige King Charles Spaniel ein Stofftier ist.

Okay, kann passieren. Tierschutz geht vor. Da waren Passant und Polizisten eben übereifrig. Schwamm drüber, die Grafschaft Nottinghamshire ersetzt die blöde Scheibe, die Polizei entschuldigt sich bei dem Eigentümer des Mercedes und gut. Sollte man denken.

Als dieser Eigentümer, Gordon Williams, jedoch zu seinem Mercedes zurückkommt, findet er außer der zerbrochenen Scheibe noch eine offizielle Nachricht der Polizei: »Wir haben Ihr Fenster eingeschlagen wegen Sorge um das Tier auf dem Rücksitz.« Gordon legt die Stirn in Falten: »Tier?! Auf dem Rücksitz?« Von Schadensersatz steht in der Mitteilung kein Wort. Eine Entschuldigung schon gar nicht. Gordon kann froh sein, dass er nicht noch eine Vorladung wegen Tierquälerei findet.

Als Gordon bei der Polizei anruft, erzählt ihm der dienst-habende Beamte tatsächlich auch etwas von Gefahr im Ver-zug, und als Gordon einwendet, dass doch gar keine Gefahr bestanden habe, schwafelt es am anderen Ende von Schein- oder Putativ-Gefahr und dass Gordon gar keine Ansprüche habe. »Das ist jetzt ein Witz, oder?«, ist alles, was Gordon dazu einfällt. Schließlich erhält er von der Polizei 180 briti-sche Pfund (etwa 214 Euro) für die kaputte Scheibe.

Er beschließt, seinen Stoffhund namens Esmeralda in Zu-kunft lieber zu Hause zu lassen. »Sie hat sich auf meinem Rücksitz sehr wohlgefühlt. Aber es ist wohl sicherer, wenn sie von nun an auf einem Stuhl in der Küche schläft.« Die Polizei dagegen verteidigt den Einsatz. Ein wenig wie kleine Kinder. »Die Beamten glaubten, dass ein Hund in Gefahr schwebte. Dies zeigt sehr gut, warum Autofahrer sich über-legen sollten, was sie in ihrem Auto für alle sichtbar liegen lassen.« Ja, nee, ist klar.

Tattoos are forever

Ein Tattoo ist für die Ewigkeit – das wissen insbesondere all diejenigen, die sich im jugendlichen Überschwang der Hormone den Namen des/der Liebsten in die Haut stechen lassen. Später müssen sie das »Kunstwerk« dann entweder teuer entfernen oder es zu etwas anderem umgestalten las-sen. So wurde aus Pamela Andersons Liebesbekenntnis zu Ex-ehemann Tommy ein »Mommy«, und Johnny Depp ließ aus seinem »Winona forever« – für seine damalige Freundin Wi-nona Ryder – ein »Wino forever« machen. Das ist zwar nicht besonders schmeichelhaft für ihn, denn das Wort »Wino« be-

– 188 –

deutet »Säufer«, aber offenbar ist Depp das immer noch lieber, als weiterhin mit seiner Ex in Verbindung gebracht zu werden.

Für ein besonders originelles Tattoo entscheidet sich auch der 19-jährige Rodrigo Martinez aus Twin Falls im Staat Idaho. Er lässt sich nämlich seinen eigenen Namen in die Haut gravieren. Warum, dazu lassen sich nur Spekulationen anstellen. Entweder allzu große Selbstliebe, vielleicht hat er auch die Sorge, dass er eines Tages seinen eigenen Namen vergessen könnte. Oder er hat Probleme mit der Rechtschreibung, und so kann er zumindest seinen eigenen Vor- und Zunamen unauffällig abschreiben, wann immer dies notwendig ist.

Meistens also ist der eigene Name auf dem Unterarm eher praktisch als hinderlich.

Aber dann kommt dieser eine Vormittag im Mai des Jahres 2011. Da nämlich hat Rodrigo es etwas zu eilig. Das heißt, eigentlich hat es Rodrigo meist etwas zu eilig, vor allem die Tempolimits auf US-amerikanischen Straßen sind ihm verhältnismäßig egal. Aber das hat ja bisher nie für größere Probleme gesorgt. Bis heute. Denn heute Vormittag kommt er in eine Verkehrskontrolle.

»Ihre Fahrzeugpapiere bitte«, sagt der Polizist.

»Hab ich nicht mit«, erwidert Rodrigo und ist sehr zufrieden mit sich. Er ist heute wieder mal besonders reaktionsschnell.

»Das ist schlecht«, meint der Polizist daraufhin. »Sie wissen, dass Sie die immer bei sich tragen müssen beim Autofahren?«

Nein, das weiß Rodrigo nicht. Davon hatte ihm in der Fahrschule auch keine Sau was gesagt.

– 189 –

»Aber Sie haben einen Führerschein?«

Meine Güte, stellt der doofe Fragen! Ohne Führerschein darf man doch gar nicht Auto fahren. So weit kennt sich sogar Rodrigo mit der Gesetzeslage aus. Aber er will mal höflich bleiben, das macht sich bestimmt gut bei einer Verkehrskontrolle. »Der liegt zu Hause«, antwortet er deshalb so freundlich, wie er kann. Und ergänzt noch: »Worum geht's eigentlich gerade?«

»Sie sind zu schnell gefahren, Sir.«

»Na gut, kann ich dann jetzt weiter?«, erkundigt sich Rodrigo, langsam wird das Ganze hier nervtötend.

»Ich wüsste gerne noch, wie Sie heißen.«

»Sag ich nicht!«

»Das wäre aber hilfreich, wenn Sie heute noch an Ihrem Ziel ankommen wollen.«

»Emilio Gonzales«, gibt Rodrigo daraufhin zurück. Heute ist wirklich sein schlagfertiger Tag. Da kann der jetzt lange suchen.

Und das macht der Polizist auch.

So langsam wird es ganz schön heiß, und Rodrigo krempelt den Ärmel seines Hemdes ein bisschen hoch.

Das hätte er nicht tun sollen. Denn der Polizist ist zwar vielleicht nicht so schlagfertig wie Rodrigo, aber möglicherweise etwas scharfsinniger.

»Rodrigo Martinez?«, fragt er.

»Was ist?« Das war jetzt nicht ganz so schlagfertig. Und das wird auch Rodrigo sofort klar. Aber zu spät.

Der Polizist tippt noch einmal einen Namen in seinen kleinen Computer.

»Das ist ja spannend«, hört Rodrigo den Polizisten nach einer Weile sagen. »Drei Haftbefehle, zwei davon, weil Sie nicht bei Gericht erschienen sind, einmal wegen Falschaussage ...« Der Polizist sieht Rodrigo nachdenklich an. »Und jetzt kommt noch ein Bußgeld wegen überhöhter Geschwindigkeit dazu. Das ist gerade nicht ganz so optimal für Sie gelaufen.«

Dem kann Rodrigo leider nur zustimmen.

Ein echter Schnappschuss

Technik ist eine feine Sache, gerade auch im Straßenverkehr. Dank Autoradio fährt es sich zum Beispiel viel angenehmer und oft auch sicherer, denn der Verkehrsfunk berichtet über Staus und Gefahren und leitet um. Mit Navigationsgeräten kurvt man durch fremde Städte wie ein Ortskundiger. Airbags bieten dem Fahrer und den Passagieren mehr Sicherheit.

Aber ab und zu rumst es eben doch. Wenn man dann keine Zeugen hat, die Stein und Bein schwören, dass man selbst am Unfall völlig unschuldig war und der andere heimtückisch und hinterrücks die Verkehrsregeln gebrochen hat, dann wird es manchmal schwierig, der Gerechtigkeit zum Sieg zu verhelfen. Zu diesem Zweck kleben sich immer mehr Menschen kleine Kameras an ihre Windschutzscheiben. Die filmen den Verkehr, und wenn dann ein Rüpel einem die Vorfahrt nimmt, hat man glasklare Beweise für den Ablauf. Man merkt, dass solche Kameras etwas für selbstbewusste Autofahrer sind, die davon ausgehen, dass sie selbst nichts falsch machen.

Davon gehen die meisten Autofahrer aber sowieso aus. Es ist immer der andere schuld, das ist die Regel Nr. 1 in der Praxis des Autofahrens.

Es wäre ein interessantes Experiment, alle Autos mit Kameras auszustatten und dann die Kommentare der Fahrer über »den blöden Esel ...« damit zu vergleichen, was man auf den Filmen sieht.

Marek Pletniew aus Oregon besitzt jedenfalls eine solche Kamera und hat einen eigenen YouTube-Channel. Er mag rasante Schnitte und flotte Themen. An diesem Tag im Februar 2011 will er sich beim absichtlichen Überschreiten der Geschwindigkeit, sprich Rasen, filmen und das Video dann bei YouTube posten. Dazu sucht er sich eine schnieke Schnellstraße in seinem Bundesstaat aus, auf der zwar nur 55 Meilen in der Stunde (circa 88 Stundenkilometer) erlaubt sind, auf der man aber locker doppelt so schnell langbrettern kann.

Er weiß schon, wie er sein Video nennen wird: »Freie Fahrt für freie Bürger!«, und dann im Kommentar: »Diese Sesselpupser bei der Straßenbehörde haben doch keine Ahnung, wie man Geschwindigkeits-Schilder aufstellt!« Marek bringt es in der Tat auf locker das Doppelte und fährt umgerechnet 189 Sachen. Was passiert in solchen Fällen? Was passiert in jedem Kinofilm und auch heute in Oregon? Marek sieht bald Blaulicht im Rückspiegel. Mist!

Er ist ein erfahrener Raser und weiß, welche Nummer jetzt am besten gegenüber den Cops zieht: Reue. Noch besser wäre es, wenn er eine Frau wäre und sein Säuseln mit Augenklimpern unterstreichen könnte, aber Marek muss das eben durch seine schauspielerischen Qualitäten wettmachen. Er kurbelt also die Scheibe seines Ford Mustang runter und gibt sich schuldbewusst.

»Officer, Sie sind aber auf Zack! Ich habe gar keinen Blitzer gesehen.«

»Da war auch keiner, Sir. Aber unser Tacho hat gezeigt, dass Sie ganz erheblich zu schnell waren.«

»Ach herrje! Haben Sie denn einen geeichten Tacho? Aber ich will nicht streiten. Ich war wirklich zu schnell, das gebe ich zu. Allerdings nur ein klitzekleines bisschen.«

Der Stich mit dem geeichten Tacho sitzt. Der Polizeiwagen hat in der Tat keinen. Die Cops wollen aber auch nicht auf die Kulanz eines Rasers angewiesen sein. Sie entdecken die Kamera an Mareks Scheibe. Die hat auch den Tachometer im Visier, weil Marek ja bei YouTube beweisen möchte, wie sehr er gebrettert ist. Das Schöne bei solchen Kameras ist, dass man sich die Filme gleich vor Ort ansehen kann. Die Aufnahme ist sehr gelungen und zeigt ganz deutlich, bei welcher Geschwindigkeit die Nadel wirklich steht.

Tja. Dumm gelaufen. Marek zahlt 1100 Dollar Strafe, und sein schöner Mustang wird beschlagnahmt. Im Übrigen stellt sich heraus, dass er allein in diesem Jahr schon zum dritten Mal erwischt wurde. Nicht einmal seinen YouTube-Hit kann Marek landen, denn die Polizei behält auch die Kamera als Beweismittel ein. Die Welt hätte aber auch kein weiteres Video mit Raserei mehr gebraucht.

Was bedeutet gleich noch einmal Bewährung?

Wenn man etwas angestellt hat und »auf Bewährung« freikommt, dann heißt das, dass man sozusagen auf Probe in Freiheit ist. Verhält man sich jetzt ordentlich und verstößt nicht wieder gegen das Gesetz, bleibt man so lange auf Bewährung draußen, bis auch diese Bewährungsstrafe abgelaufen ist. Erst jetzt beginnt die »richtige« Freiheit. Insofern liegt es eigentlich nahe, während der Bewährungszeit keinen neuen Mist zu bauen.

Das sieht auch John L. aus Sudbury/Kanada so. Er ist wegen einiger kleinerer Vergehen angezeigt worden, darf aber auf Bewährung draußen bleiben. Allerdings unter einer Bedingung: Er muss sich regelmäßig zu genau festgelegten Zeiten bei der Polizei melden. So auch heute. Es ist der 18. April des Jahres 2011, und pünktlich um 17 Uhr hat John seinen Termin. Den will er auch einhalten.

Dummerweise hatte er aber vorher noch eine dieser blöden Streitereien mit Sally und ist zu spät losgefahren. Dann standen, wie immer in solchen Momenten, alle verdammten Ampeln auf dieser beschissenen Strecke auf Rot. So ist es also bereits zwanzig nach fünf, als John bei der Wache ankommt. Das mögen die da drinnen gar nicht. Er ist sauer auf Sally, alles nur ihretwegen. Und natürlich ist kein freier Parkplatz in Sicht. Bis auf einen, aber der ist für Behinderte. Egal jetzt, hier ist weit und breit kein Behinderter zu sehen, und er braucht diesen Parkplatz jetzt verdammt dringend.

Die Polizisten sind nicht gerade bester Laune, John ist 25 Minuten zu spät, er hat somit gegen seine Bewährungsauflagen verstoßen. Andererseits, der Polizist kennt dieses ewige Gezicke von Frauen, er kann John irgendwie verstehen. Und für die roten Ampeln kann er nun wirklich nichts. Also lässt er das Ganze noch mal durchgehen.

John ist erleichtert.

Aber als er nach draußen kommt, ist der Wagen weg. Mist. Er geht wieder zurück in die Wache und erfährt dort, dass man den Wagen abgeschleppt hat.

Johns gute Laune ist schon weniger gut, als er sich auf

den Weg macht, um am anderen Ende der Stadt seinen Wagen wieder abzuholen. Busfahren ist doof, aber geht jetzt eben nicht anders.

Immerhin findet er auch sofort die zuständige Stelle. Er erklärt, was passiert ist. Und nun spielt sich der folgende Dialog ab:

»Schön, dass Sie vorbeikommen. Ist Ihnen bewusst, dass Ihr Auto kein gültiges Kennzeichen besitzt?«

»Nicht?«

»Nicht! Wissen Sie denn, dass Ihr Auto zudem nicht versichert ist?«

»Nein.«

»Auch nicht. Aber Sie wissen sicher, dass es keinen TÜV hat?«

»Nein.«

»Na gut. Das ist irgendwie auch wieder nachvollziehbar. Sie sind nämlich gar nicht als Besitzer des Autos eingetragen.«

»Wirklich nicht?«

»Darf ich bitte mal Ihren Führerschein sehen?«

»Eigentlich nicht, nein.«

»Das hätte mich auch gewundert. Denn hier in meinem Computer steht, dass man Ihnen den vor einem Jahr abgenommen hat.«

»Das ist jetzt wirklich ein doofer Zufall«, meint daraufhin John. »Ich könnte aber vielleicht schon mal fürs Falschparken zahlen.« Er hält dem Beamten zwei Hundert-Dollar-Scheine hin.

Jetzt grinst der Beamte. »Die sehen wirklich verdammt unecht aus.«

Was sie auch sind. Und das wusste John auch.

– 195 –

»Außerdem lese ich hier, dass Sie eine Bewährungsstrafe verbüßen, stimmt das?«

»Ja«, murmelt John. Aber dann wird er doch noch sauer. »Was soll denn der Mist? Ich hab mich an die ganzen verdammten Auflagen gehalten, Mann, außer heute bin ich noch nie zu spät gekommen. Und es war nur noch der eine Parkplatz frei!«

Sally ist schuld. Ganz klar.

Das Bier ist angeschnallt

Es ist schön, wenn man im Leben klare Prioritäten hat. Man weiß, was einem wichtig ist, setzt sich Ziele und arbeitet darauf hin. Auch Dorothy C. (46) hat in ihrem Leben klare Prioritäten. Zumindest hatte sie die an jenem Super-Bowl-Sunday im Jahr 2008. Wie allgemein bekannt, ist der Super Bowl das wichtigste Sportereignis in den USA. Man trifft sich mit Freunden, und es gehört zum guten Ton, dass man das Footballspiel gemeinsam kommentiert. Was offenbar unter Alkoholeinfluss noch besser geht als nüchtern. Zumindest wäre das eine Erklärung dafür, dass Dorothy schon vor Anstoß nicht mehr völlig nüchtern ist. Und dann ist auch noch das Bier aus!

Dorothy macht also, was jeder vernünftige Mensch in so einer Situation machen würde: Sie kauft neues Bier.

Dazu braucht sie logischerweise das Auto, denn die Geschäfte liegen in Florida nicht einfach so um die nächste Ecke. Sie fährt also los und kauft einen Kasten. Und den schnallt sie, immerhin gibt es in den USA Anschnallpflicht, ordnungsgemäß an.

Aber irgendetwas muss der Polizei trotzdem an ihr missfallen, denn Dorothy wird gestoppt.

Als sie ihr Fenster herunterkurbelt, stellt sich heraus, dass es um so eine Lappalie wie eine rote Ampel ging. Meine Güte, manche Leute können schon kleinlich sein. Außerdem soll sie angeblich die Spur nicht gehalten haben. Und? So viele andere Autos waren gar nicht unterwegs, schließlich sitzen alle zu Hause und warten auf den Kickoff.

Dann zeigt einer der Polizisten auf den Kasten Bier. »Was ist das?«

»Bier«, antwortet Dorothy wahrheitsgemäß.

»Und warum steht der Kasten auf dem Sitz und ist angeschnallt?«

»Man muss sich doch anschnallen, das sollten gerade Sie eigentlich wissen.«

Da allerdings zeigt der Polizist auf den Rücksitz. Dort sitzt Suzie, die einjährige Tochter ihrer Freundin. Dorothy hatte versprochen, Suzie mitzunehmen, weil ihre Mutter vorhin keine Zeit hatte, sie aus dem Kindergarten abzuholen. »Und warum ist das Kind dann nicht angeschnallt?«

Ja, eigenartig, denkt Dorothy jetzt auch. »Und dabei hatte ich ihr doch gesagt, sie solle sich anschnallen.«

»Vielleicht hat sie Sie noch nicht so ganz verstanden. Wäre ja auch gar nicht erstaunlich in dem Alter.«

Dorothy findet Polizisten ziemlich anstrengend, immer wissen die alles besser. Und jetzt wollen die auch noch ihren Führerschein sehen. Bitte sehr.

Der Beamte blättert den Führerschein kurz durch und stellt dann fest: »Er ist abgelaufen.«

»Sie finden auch immer was zu kritisieren, oder?«

»Stimmt.« Der Polizist nickt. Außerdem findet er eine

Strafanzeige wegen Fahrens unter Alkoholeinfluss angemessen, dazu kommen Gefährdung des Kindeswohls und ihr abgelaufener Führerschein.

Dabei war der Kasten Bier wirklich ordentlich angeschnallt.

Guckt mal, was ich gemacht habe!

Menschenrechte. Immer wieder ein Thema, auch in Demokratien. Zum Beispiel die Meinungsfreiheit. Das Bundesverfassungsgericht hat dazu festgestellt: »Das Grundrecht auf Meinungsfreiheit ist als unmittelbarster Ausdruck der menschlichen Persönlichkeit in der Gesellschaft eines der vornehmsten Menschenrechte überhaupt. Für eine freiheitlich-demokratische Staatsordnung ist es schlechthin konstituierend.« So wichtig ist die Meinungsfreiheit also, und das gilt auch in England. Trotzdem will der Staat dieses fundamentale Recht manchmal beschneiden. Pfui.

Sehen wir uns einen besonders tragischen Fall an. Und berücksichtigen wir dabei immer: Wenn jemand etwas geleistet hat, dann darf er zurecht stolz darauf sein und aller Welt davon berichten. Wenn Sie etwa ein Kind vor dem Ertrinken retten oder einen entlaufenen Hund zurück zu seinem todtraurigen Frauchen bringen, dann ist das eine tolle Sache. Aber es braucht ja nicht immer so spektakulär zu sein. Man kann auch auf die kleinen Erfolge im Leben stolz sein.

So wie Dick Meller, ein Autonarr aus dem englischen Leeds. Er freut sich eben anders als andere. Dick nimmt es beim Autofahren mit den Gesetzen nicht so genau, kommt aber irgendwie jedes Mal davon. Das ist auch eine Leistung, auf die man stolz sein kann. Und zwar so stolz, dass Dick seine Gesetzesübertretungen jedes Mal filmt. Egal ob er nun verkehrt in eine Einbahnstraße fährt, eine rote Ampel missachtet oder die Höchstgeschwindigkeit als unverbindliche Empfehlung behandelt – Dick filmt es. Insgesamt kommen so achtzig Videoclips zusammen.

Er filmt auch andere schöne Dinge: Benzindiebstahl, Hausfriedensbruch, Drogenkonsum, illegale Autorennen … Dabei ergibt sich oft auch die Gelegenheit, andere bei ihren Untaten zu filmen. Das klärt Dick aber vorher ab und holt sich die Einwilligung ein. Das Recht am eigenen Bild ist ihm heilig. Seine Kumpels zünden zum Beispiel Feuerwerkskörper in einer Mülltonne. Auch das sind Leistungen, die dokumentiert gehören.

Dick hortet die Videos nicht etwa auf seiner Festplatte. Er führt sie auch nicht im vertrauten Kreis zum Amüsement seiner Gäste vor. Nein, die Videos landen auf YouTube. Dort sind die Clips ein Hit. Sie werden über 285 000-mal angeklickt. Dicks Stolz wächst und wächst. Im September 2008 wird ihm einer der Klicks zum Verhängnis. Denn dieser stammt von einem Polizisten aus Leeds. Nebenbei sieht der auch noch seine brennende Mülltonne und den grinsenden Dick, der mit achtzig Sachen durch sein Wohngebiet rast.

Ein Mitglied der Stadtverwaltung von Leeds verleiht Dick danach den Titel »dümmster Verbrecher der Stadt«. Darauf ist Dick nicht mehr stolz. Die spießigen Behörden eröffnen mehrere Verfahren gegen ihn wegen asozialen Verhaltens. Irgendwelche Sesselpupser halten ihm vor, er solle ordentlich Auto fahren und andere nicht stören oder belästigen. Aber nun kommt es ganz dicke: Er darf keine Videos von Gesetzesverstößen mehr hochladen – egal, ob er sie selbst begangen hat oder nicht.

Das kann Dick nicht hinnehmen. Er geht zu einem Anwalt und klagt ihm sein Leid: »Stellen Sie sich doch mal vor, ich komme zufällig mit gezückter Kamera an einem Bankraub vorbei – das Video soll ich nicht hochladen dürfen? Machen Sie was! Das beschränkt doch meine freie Meinungsäußerung. Wir gehen bis nach Straßburg.« Der Europäische Gerichtshof für Menschenrechte kommt nicht dazu, sich mit diesem Skandal zu beschäftigen. Der Anwalt probiert es bei einem Gericht in Leeds, das jedoch seinerseits argumentiert, Dick sei noch verdammt gut weggekommen, und wenn er noch einmal bei seinen YouTube-Spielereien erwischt werde, drohten ihm fünf Jahre Knast. Der Anwalt rät seinem Mandanten davon ab, den Rechtsweg weiter zu beschreiten. Man sieht: Sogar Anwälte haben ihren Stolz.

In die Luft gegangen

Laut Lexikon ist Exhibitionismus eine sexuelle Neigung, bei der die betreffende Person es als lustvoll erlebt, von anderen Personen nackt oder bei sexuellen Aktivitäten beobachtet zu werden. Sie stellt damit das Gegenstück zum Voyeurismus dar.

Schön. Exhibitionisten wissen aber auch, dass das verboten ist. Deshalb bevorzugen sie Parks oder andere öffentliche Orte, an denen man sich schnell verdünnisieren kann. Flitzer, die durch Fußballstadien laufen, sind hiernach keine Exhibitionisten. Sie leben keine sexuelle Neigung aus, sondern provozieren. Sie wissen, dass sie keine Chance haben zu entkommen und kalkulieren das auch ein.

Für andere Straftäter kann man die Möglichkeit zur Flucht aber gar nicht als wichtig genug einstufen. Wenn es an irgendeiner Volkshochschule einen Kurs namens »Grundwissen für den angehenden Kriminellen« gäbe, dann wäre eine der ersten Lektionen: »Ganz egal, was du machst – halte dir einen Fluchtweg offen.« Die Dozenten würden dann begründen, dass eine Straftat ja erst richtig Spaß macht, wenn man sich auch danach an ihr erfreuen kann. Wird man erwischt und landet im Knast, kommt schnell Frust auf: Das Essen schmeckt nicht, das Sexualleben ist auf das eigene Geschlecht limitiert, die Freizeitmöglichkeiten sind beschränkt und so weiter.

Darum sind bestimmte Orte für Verbrechen eher ungeeignet. Die Dozenten im imaginären Kurs würden raten: »Vorsicht vor geschlossenen Räumen!« In Flugzeugen zum Beispiel kommt man ganz schlecht weg, und wenn, dann endgültig. Dies gilt gerade auch für Exhibitionismus.

Vince Chapman hat keinen solchen Volkshochschulkurs besucht. Der junge Mann (21) aus Kalifornien besteigt im August 2009 ohne jede Vorbildung einen Flug von Oakland/Kalifornien nach St. Louis/Missouri. Neben ihm sitzt Constance, eine Geschäftsfrau um die 40. Der Start verläuft noch ohne besondere Vorkommnisse, aber dann entspinnt sich zwischen beiden ein Gespräch, das für Vince unter »Vorspiel« läuft:

»Willst du mal meinen Schwengel sehen?«

»Nö.«

»Er ist aber echt beeindruckend.«

»Lass stecken, Kleiner.«

»Ich zeig ihn dir heute exklusiv.«

»Behalt dein Würstchen einfach drin.«

Von solchen Fisimatenten lässt Vince sich nicht beeindrucken. Er holt sein Ding raus und präsentiert es stolz. Constance ist aber vollkommen unbeeindruckt. »Kommt da noch mehr, Kleiner, oder war es das etwa schon?«

So etwas geht natürlich an die Ehre des Exhibitionisten. Ein bisschen verunsichert ist Vince schon. »Man muss das natürlich im Zusammenhang sehen«, erklärt er und zieht die Hose aus. Constance kriegt einen Lachanfall. Das ist zu viel des Guten für Vince. Nicht einmal seine Brust würdigt Constance, als er sich das Hemd auszieht. Sie lacht nur immer weiter. Dann hat sie es nicht anders verdient. Vince versetzt ihr einen Schlag ins Gesicht.

Inzwischen ist endlich das Bordpersonal der Southwest Airlines zur Stelle, das sich in Deeskalation versucht. Die Stewardessen wollen Vince beruhigen. Seine geschändete Würde lässt das aber nicht zu. Er leistet heftigen Widerstand und schlägt wild um sich. Mehrere Passagiere und das volle Personal sind mit ihm zugange. Dem Piloten bleibt nichts anderes übrig, als nach Oakland zurückzukehren.

Bis zur Landung gelingt es Passagieren und Crew, den randalierenden Vince zu überwältigen, der mittlerweile splitterfasernackt ist. In einem Einführungsseminar für Exhibitionisten hätte man gesagt: »Öffnet eure Mäntel, genießt die schockierten Blicke und dann flitzt weg.« Diese Option ist Vince verschlossen. Er wird in Oakland der Polizei übergeben. Endlich können die anderen Passagiere nach St. Louis fliegen. Dieser Fall beweist, wie wichtig Aus- und Fortbildung auch für Kriminelle sind.

Die Ein-Drittel-Regel

Auswärts essen macht Spaß. Man kann sich aussuchen, was man haben möchte, und man muss es nicht einmal selber kochen. Der kleine Nachteil an der Sache: Man zahlt mehr als bei sich zu Hause. Aber an sich ist das nur fair, man hat ja auch deutlich weniger Arbeit, außerdem kochen in einem Restaurant Profis.

So sieht das eigentlich auch Samuel D. aus Las Cruces in New Mexico. Er geht gerne essen, schon deshalb, weil er weder gerne noch besonders gut kocht.

Aber wenn das Ganze dann zu teuer wird, hört sein Vergnügen auf, und der Gerechtigkeitssinn kommt durch. Denn Sam hat eine ganz spezielle Marotte: Er berechnet überschlagsweise den Preis, den die Mahlzeit, die er sich im Restaurant bestellt, kosten würde, wenn er sie selber kochte. Samuel ist dabei nicht kleinlich, will heißen: Er geht nicht von Sonderangebotspreisen aus. Aber er kalkuliert realistisch. Und er hat seine Prinzipien. Bis zu einem Drittel mehr darf es kosten, wenn er sich bekochen lässt, statt sich selber an den Herd zu stellen. Alles darüber ist zu teuer.

Normalerweise geht Samuel dann einfach und sucht sich ein preiswerteres Restaurant. An diesem Abend aber hat er Linn und ihre Tochter Annie dabei. Wenn alles so läuft, wie Samuel sich das vorstellt, dann muss er demnächst gar nicht mehr essen gehen, denn dann hat er Linn, sozusagen seine Gratis-Köchin. Aber noch steht er ganz am Anfang seines Werbens, noch muss er Linn mit Tochter einladen.

Nun sitzen die drei bei Applebee's. Samuel hat gleich beim ersten Blick auf die Speisekarte festgestellt, dass das hier seine Ein-Drittel-Grenze etwas übersteigt, aber er kann die beiden ja schlecht bitten, wieder aufzustehen. Hinzu kommt noch, dass Linn und ihre Tochter beim Bestellen keineswegs auf die Preise schauen, und wenn doch, dann suchen sie sich mit Absicht das Teuerste aus.

Aber Samuels Gerechtigkeitssinn ist ausgeprägt, und während die beiden luxuriös essen, festigt sich in ihm mehr und mehr die Überzeugung, dass er seiner Ein-Drittel-mehr-ist-erlaubt-Regel treu bleiben wird. Sprich: Er zahlt ganz einfach den normalen Ladenpreis plus ein Drittel, mehr nicht. Für Applebee's heißt das: 30 Dollar. Basta. Linn ist es gewohnt, nicht hinzuschauen, wenn der Mann zahlt, und ihrer Tochter sind so banale Dinge wie das Begleichen einer Rechnung ohnehin noch völlig egal. Also bemerkt niemand etwas von Samuels selbstgemachtem Preis.

Nein, »niemand« stimmt nicht so ganz. Denn die Kellnerin bemerkt das sehr wohl. Allerdings ist das Wort »Kellnerin« etwas missverständlich, denn Kellnerin Angela Blyss ist gar keine, sondern sie arbeitet als Polizistin. Gerade heute nämlich haben sich bei Applebee's eine Menge Polizisten zur Aktion »Tip-a-Cop« zusammengefunden. Das heißt, sie machen heute den Job der Kellner, das Trinkgeld, das sie auf diese Weise einnehmen, spenden sie einer wohltätigen Organisation.

Als also Angela feststellt, dass ihre Kunden gerade nicht so ganz den vollen Preis gezahlt und dann abgerauscht sind, bittet sie ein paar ihrer Kollegen um Hilfe. Sie finden Samuel und seine beiden Begleiterinnen innerhalb weniger Minuten, und sie zeigen erstaunlich wenig Verständnis für Samuels Marotte. Stattdessen verlangen sie nun eine Kaution von 250 Dollar.

Was den ursprünglichen Preis im Restaurant als ein regelrechtes Dumping-Angebot erscheinen lässt.

Quellen

Wer sich nun fragt, wo man so viel Dummheit findet, bekommt eine einfache Antwort: im Internet. Quellen für die Geschichten waren diverse Tageszeitungen aus den USA, Großbritannien und Deutschland, die gerne in epischer Breite über Verbrecher berichten, die dümmer sind, als die Polizei erlaubt. Für dieses Buch wurden allerdings alle Namen geändert.

Beknackt Verknackt

Justus Richter
ÖFFENTLICHE
MÜLLEIMER DÜRFEN
NICHT SEXUELL
BELÄSTIGT WERDEN
Die wahnwitzigsten
Gesetze aus aller Welt
192 Seiten
ISBN 978-3-404-60246-9

Unglaublich aber wahr: In North Carolina ist Niesen auf offener Straße bei Strafe untersagt und in Wisconsin darf ein Mann nicht mit einer Waffe schießen, um den Orgasmus seiner Frau anzuzeigen. – Die strenge Welt des Rechts steckt voller absurder Überraschungen. Aber zum Glück ist Lachen noch nicht strafbar – zumindest soweit bekannt.

Bastei Lübbe

Gut verklagt ist halb gewonnen

Justus Richter
SITZPROBEN AUF
ÖFFENTLICHEN BÄNKEN
SIND EIGENSTÄNDIG
DURCHZUFÜHREN
Die absurdesten
Gerichtsverfahren aus
aller Welt
240 Seiten
ISBN 978-3-404-60719-8

Knapp bei Kasse? Kein Problem! Es findet sich bestimmt ein Grund, andere auf Schadenersatz zu verklagen! Wie der Kunde einer Tankstelle in den USA: Weil er dort keine Zigaretten bekam, zerschlug er wütend eine Glastür – und bekam für seine Verletzungen Schmerzensgeld zugesprochen. Oder ein Kanadier, der trotz Warnungen vom Hausdach eines Freundes in dessen Swimmingpool sprang. Er brach sich das Genick, überlebte knapp – und die Jury sprach ihm zwei Millionen Dollar Schadenersatz zu. Justus Richter versammelt die dreistesten Klagen zu den irrwitzigsten Missgeschicken. Denn je gieriger der Kläger und absurder die Urteile, desto lauter lässt sich darüber lachen.

Bastei Lübbe